Study on Growth and Regional Differences of Chinese Peasant's Income

—— Analysis Based on Jiangsu, Henan and Sichuan Provinces

"三农"若干问题研究系列

Research Series on "Three Rural Issues"

我国农民收入增长及区域差异比较研究

——以苏、豫、川三省为例

宋莉莉 / 著

经济科学出版社

Economic Science Press

总 序

　　"三农"问题是农业文明向工业文明过渡的必然产物。我国是农业大国，更是农民大国，在全面建设小康社会的进程中，最艰巨、最繁重的任务在农村。"三农"问题关系党和国家事业发展全局，因此，历来是党和国家工作的重中之重，也是整个社会关注的焦点问题。近年来，我国重大政策决策连年聚焦"三农"问题，出台了一系列强农惠农政策，我国农业和农村发展取得了显著成效，粮食连年增产，农民收入也连续较快增长。但是，在四化推进过程中，农业发展依然滞后；城镇化快速发展的形势下，城乡差距依然非常突出；农民增收面临经济下行和农产品国际竞争力持续减弱的双重压力。农业发展现代化进程中，耕地、水等资源压力不断加大，生态环境改善要求持续提高。因此，我国"三农"问题还需要持续关注。

　　本套丛书从战略角度出发，从农业发展、社会主义新农村建设、农民收入以及农业科技革命等多个维度对我国"三农"问题进行了较为全面、系统、深入的探索。其中，农业发展战略研究维度，分析不同历史阶段农业的主要功能及其发展的客观条件，探讨各种农业政策的出台背景与实施效果，并对当前社会经济环境变动及其对农业的影响进行了重点剖析，提出了新中国发展 60 多年三阶段的论点，即先后经历了"粮食农业"、"食物农业"和"食品农业"；社会主义新农村建设研究维度，依据公共品供给方式、持续发展潜力、发展资金来源、区域间发展差异、要素流动状况等因素将我国社会主义新农村建设的模式归纳为政府扶持、村庄结构转变及村镇扩展三大类；农民增收研究维度，从宏观、中观和微观三个层面对我国区域间农民收入增长及差异进行深入探讨，提出了持续增加农户收入同时缩小农户间收入差异的政策建议；农业科技革命研究维度，通过剖析全球洲际引种、石化革命、绿色革命、基因革命发生发展内在动因，探索分析可持续发展框架下，我国农业科技革命发生、发展的推动、制约因素和进一步发展的"瓶颈"，并针对我国农业科技革命发展存在的主要问题，提出对策建议，为我国制定农业可持续发展的科技战略提供了有益参考。

本套丛书凝聚了各位作者的真知灼见，研究深入扎实，为破解"三农"难题提出了有针对性、实践性和前瞻性的建议。"三农"研究，情系"三农"，相信经过全国广大"三农"研究者持续不断的努力，定能在理论层面不断明晰问题根源，提出有效解决问题的方法和路径，为全面实现"两个一百年"的奋斗目标提供有力支撑。

编委会

2015 年 9 月

前　言

　　改革开放30余年，我国农业和农村的发展取得了显著成就，农民收入不断增长。但无论与发达国家的农业生产者相比，还是与我国的城镇居民相比，我国农民收入都显得水平较低、增长滞缓，且城乡之间、地区之间以及农民内部收入均存在较大差距，而且有继续加大的趋势。这不仅影响我国城乡经济的协调发展，还有可能影响到整个社会的和谐发展。为此，本书以改革开放至今我国农民收入增长演变历程为切入点，运用统计年鉴和实地调研的数据，从宏观、中观和微观三个层面对我国农民收入增长及差异进行深入探讨分析，分别针对我国整体及不同地区提出了促进农民增收和缩小收入差异的政策建议。

　　本书的研究思路如下。

　　首先，采用动态分析与静态分析相结合的研究方法，分析了改革开放至今我国农民收入增长的演变历程。分析发现：改革开放以来我国农民收入水平不断增长，但增速不稳，农民收入增长表现出明显的阶段性；此外，收入在城乡间、地区间以及农户间也表现出了明显的差异性。

　　其次，采用历史分析与比较分析相结合的研究方法，分析了我国不同地区间农民收入问题。分析发现：不同地区农民收入均表现出增速不稳、差异较大等共性特点，也表现出增长的主要源泉不同等差异性特点。

　　第三，通过构建农户收入决定方程、采用多元回归的研究方法，从样本总体、分地区和分收入组多个角度分析了农户收入的影响因素。分析得出：农户家庭劳动力年内平均外出务工时间、劳动力的平均受教育年限、家庭经营性投入、耕地面积以及粮食播种面积占总播种面积的比例是影响农户收入的显著因素。此外，还发现农户收入的影响因素在地区间和收入组间也显示出了一定的差异性。

第四，在多元回归的基础上运用 Shapley 值分解法，分析了农户收入差异的影响因素。分析得出：无论是对样本总体还是分地区和分收入组来讲，农户家庭劳动力年内平均外出务工时间是造成农户间收入差异的首要因素，处于第二位的影响因素是农户家庭劳动力的平均受教育年限。

结合上述研究结论，为促进我国农民增收和缩小收入差异，笔者提出以下几点建议：一是各级政府应制定优惠政策，促进乡镇企业等农村非农产业发展；二是加大对农村教育和农业科研的投资力度，提高农村劳动力素质和农业科技水平；三是大力推进农村金融制度的改革和创新，增强农民的投融资能力；四是合理调整农业产业结构，促进农业生产的合理布局；五是建立健全土地使用权流转制度和社会保障制度，为土地的规模化经营创造条件；六是加大财政支持力度，促进农民专业合作经济组织的发展。

感谢导师刘旭院士对本研究给予悉心指导，感谢中国农业科学院农业经济与发展研究所各位领导与同事对本研究给予大力支持，感谢各位师兄弟姐妹们的帮助，感谢经济科学出版社为本书的编辑和出版付出的辛勤劳动。由于时间仓促，加之笔者学识有限，书中如有纰漏之处，敬请读者批评指正。

作者
2015 年 9 月

目 录

Contents

第 *1* 章

导　言

1.1　选题背景

改革开放三十多年来，尽管我国农业和农村的发展取得了显著的成就，但农业、农村和农民问题依然还很严峻。如何解决"三农"问题不仅是社会各界人士关注的焦点和热点问题，更是党中央和各级政府现阶段工作的重点。2004 年至今党中央每年都颁布一号文件，而一号文件的主要内容都是围绕"三农"问题展开的，这充分体现出党中央对"三农"问题尤其是农民收入问题的高度重视。在这样的背景下，我国的"三农"问题有所改善，农民收入有所提高，但目前仍存在一些问题。主要表现在以下几方面：一是，农民收入绝对水平低且增长速度缓慢。2013 年我国农民人均纯收入为 8 896 元，远低于同期城镇居民 29 547 元的收入水平，并且，改革开放至今除个别年份，农民人均纯收入的增长率都要低于城镇居民可支配收入的增长率。二是，城乡差距持续扩大。1978 年我国城乡居民收入比为 2.57∶1，2012 年二者之比扩大为 3.10∶1。三是，地区差距大。2012 年收入最高的上海市农民人均纯收入为 17 804 元，而收入最低的甘肃省农民人均纯收入只有 4 507 元，前者是后者的 4 倍。四是，农民内部收入差距大。2012 年我国高收入组农户人均纯收入是 19 009 元，而低收入组农户人均纯收入只有 2 316 元，前者是后者的 8.21 倍。

我国农民收入水平低，增长缓慢，而且城乡之间、地区之间以及农民内部收入差距都在不断扩大，这些问题对我国经济的可持续发展与社会和谐发展带来了以下不利影响。

一是限制了农村消费市场的发展。我国农村人口占总人口的比重接近50%，农村的消费市场广阔。但目前农民收入水平较低，严重制约了农民的消费能力，限制了农村消费市场的发展。2012年，食品消费支出方面，农村居民的平均消费金额约占城镇居民的38.47%；居住支出方面，农村居民的平均消费金额约占城镇居民的73.19%；而衣着、家庭设备用品及服务、医疗保健、交通通信、教育文化娱乐服务和其他支出水平仅分别占城镇居民的21.74%、30.62%、48.30%、26.59%、21.91%和22.46%。由此可见，我国农民收入水平低、增长缓慢弱化了农村消费市场的发展，制约了我国国民经济健康发展。

二是限制了农业再生产发展。农民收入水平低、增长缓慢对农业再生产发展的影响包括家庭经营费用支出不足和购置生产性固定资产支出不足两方面。农民收入水平决定着农业再生产投资的多少，而农业再生产投资的多少直接关系到农业产出水平的高低。当前，我国农业进入由传统农业向现代农业转变的阶段，资本无疑发挥着主要的作用。但是，现阶段我国农民收入的水平低、增长缓慢，抑制了农业再生产的发展。2000~2012年，农民家庭经营费用支出在农民总支出中的比重仅上涨了2.6个百分点；购置生产性固定资产支出在农民总支出中所占比重仅上涨了0.4个百分点。农民收入水平低、增长缓慢严重挫伤了农民的生产积极性，农业再生产的投入不足，影响了农业的稳定发展。通过增加农民收入，增加农民对农业再生产的投资，农业和农村经济的发展才会增加不竭的动力。

三是影响了社会和谐发展。我国农民收入增长滞缓，城乡差距、地区差距以及农民内部差距不断扩大。农民收入差距的不断扩大不仅影响城乡经济的协调发展，还会影响整个社会和谐发展。

基于以上现实背景，我们可以看出，切实增加农民收入，缩小收入差距，是我国实现全面建设小康社会与构建和谐社会目标的必然举措。本书通过深入剖析改革开放至今我国农民收入增长的演变历程，对比我国不同地区农民收入的共性及差异，深入剖析农户收入增长缓慢及收入差异产生的原因，在此基础上提出促进我国农民增收及缩小收入差异的政策建议。

1.2 研究意义

我国是农业大国，也是农民大国，2012 年末我国有 64 222 万农民，占全国人口总数的 47.43%。农民收入长期上不去，不仅影响农民自身生活水平的提高，而且还影响农业生产、农村经济乃至整个国民经济的发展。就这一国情来看，如何解决农民收入增长问题已成为我国最大的问题。我国实现全面建设小康社会的重点和难点都在农民身上。所以说，解决农民收入增长问题，事关全局，意义重大。主要体现在以下几个方面：

第一，增加农民收入是破解"三农"问题的根本需要。"三农"问题在我国工业化进程中不断凸显，而且已经成为影响我国经济和社会发展的重大问题。目前，学者们对"三农"问题中哪个问题最为重要已达成一致，即"三农"问题其实就是农民收入问题。如果农民收入长期增长不上去，不能从农业和农村经济的发展中获得更多的利益，就会严重地挫伤农民生产的积极性，农业和农村经济发展就会受到制约。只有农民收入提高了，农业和农村经济的发展才会有取之不竭的动力源泉，"三农"问题才能得到根本解决。

第二，增加农民收入是保障粮食安全的内在需要。粮食生产稳不稳，粮食安全基础牢不牢，关键在于种粮农民的生产积极性高不高。价格是调节生产的基本杠杆，"有利可图"是农民进行农业生产的基本动因。发展粮食生产、确保国家粮食安全，最根本的是要提高农民的种粮效益，让农民种粮不赔本，能赚钱。但目前我国农民收入水平低、增长缓慢的现状一定程度上影响了农业的稳定发展，进而影响了国家的粮食安全问题。因此，要想调动农民的种粮积极性，确保国家的粮食安全，必须增加农民收入。

第三，增加农民收入是扩大内需，实现国民经济又好又快发展的现实需要。我国农民的收入水平低，消费水平更低。2012 年我国农村居民占全国居民总数的 47.46%，而消费仅为城镇居民消费总额的 35.43%，农民的消费能力较低。由于国际政治经济不稳定，出口存在一定的不稳定因素，如在 2008 年爆发的全球金融危机的影响下，我国许多产品出口受阻，出口量大幅度锐减，国民经济发展受到了极大的影响。因此，只有扩大内需，才能保持我国国民经济持续、快速、健康地发展。显然，要扩大内需就必须提高农民的购买能力，而农民购买能力的提高又必须以增加其收入为前提。因此，只有大力增加农民收入，提高农民的购买力，才能实现扩大内需的需求，才能保持国民经济又好又快发展。

1.3 研究目标

本书的研究目标在于：在梳理并吸取前人研究成果的基础上，以改革开放以来我国农民收入增长演变历程为切入点，通过对统计资料和实地调研数据进行分析，对我国农民收入增长及差异问题进行研究。总体来看，本书通过从宏观、中观和微观三个层面对我国农民收入及差异问题进行研究，提出促进我国农民增收及缩小差异的对策建议，以供有关部门制定规划决策时参考。

具体看，本书研究目的如下：

第一，通过对改革开放三十多年来我国农民收入增长的演变历程进行系统的研究分析，有助于从宏观上把握我国农民收入演变的方向，对我国农民收入水平低、增长滞缓产生的原因做出宏观判断。

第二，通过比较我国不同区域间农民收入的共性因素及差异性因素，有助于从中观层面深入剖析我国区域间农民收入产生差异的成因。这为针对我国不同区域提出促进农民增收的政策建议提供客观依据。

第三，通过对我国不同区域间农户进行实地调研，有助于从微观层面掌握农民收入的现实情况及影响因素，为提出合理有效的增收政策提供现实依据。

1.4　研究的主要内容与方法

1.4.1　研究的主要内容

本书首先通过对改革开放以来我国农民收入增长情况进行系统分析，掌握这一时期我国农民收入增长的变化及制约因素。其次，按照我国经济区域的划分，利用距离分析方法选定东、中、西部地区的代表省份。对改革开放以来代表省份农民收入增长情况进行研究，掌握我国不同地区农民收入的共性因素和个性因素。再次，在统计分类得出东部、中部和西部代表省份的基础之上，利用分层抽样的方法在每个代表省份选取两个县（市）对农户进行实地调研，获得一手数据。通过建立农户收入决定方程，利用多元回归分析以及基于回归分析的 Shapley 值分解方法对农户收入调研数据进行定量分析，获得影响农民收入及差异的显著因素。之后，分析和总结了发达国家促进农民增收政策的启示。最后，在前述分析的基础上归纳出本书的研究结论，同时提出相应的政策建议。

根据拟定的研究目的，本书研究的具体内容如下：

第 1 章：导言。主要介绍了本书的选题背景、研究的意义和目标、研究的主要内容和方法，以及技术路线图和研究的创新点和不足等。

第 2 章：农民收入相关理论基础与文献综述。首先对农民收入的相关理论进行了概述，接着系统总结归纳了目前对农民收入增长问题研究的理论成果，并对之进行了简要的述评。

第 3 章：改革开放以来我国农民收入增长演变历程分析。本章首先对改革开放以来我国农民收入增长的阶段进行划分，并简要分析了每个阶段农民收入增长的原因；其次，对农民收入的来源结构及不同来源对农民收入的贡献率进行了分析；接着从城乡之间、地区之间以及农户之间对农民收入差异进行了分析；最后对我国农民收入增长滞缓的成因进行了归纳。

第 4 章：区域间农民收入比较分析。本章首先利用距离分析方法确定了所研究的区域。接着对所选取区域改革开放以来的农民收入增长情况进行分析，最后对我国区域间农民收入产生差异的成因进行了归纳。

第5章：农户收入及差异的影响因素实证分析。本章首先对所调研的样本信息进行了相关的描述和统计分析，在此基础上通过建立农户收入决定方程，利用多元回归分析以及基于回归分析的 Shapley 值分解方法对影响我国农民收入和差异的因素进行了定量分析，以找出其中的显著性因素。

第6章：发达国家促进农民增收政策的启示。本章通过对美国、欧盟和日本促进农民增收的政策进行分析，在此基础上总结出美、欧、日促进农民增收政策对我国的启示，为我国制定促进农民收入增长的政策提供借鉴。

第7章：研究结论与政策建议。本章在前述各章分析的基础之上得出本书的主要研究结论，并提出促进农民收入增长、缩小农民收入差异的相关政策建议。

1.4.2 研究方法

1. 动态分析和静态分析相结合的方法

在改革开放至今三十多年的时间中，我国农民收入增长经历了一个动态的变化过程。采取动态分析的方法来研究这一时期的农民收入问题符合客观要求。而任何一个动态发展的过程都是由若干个"静态"的时点截面所构成，因此，为了研究的全面性本书在具体的研究过程中对这若干个"静态"时点截面也进行了深入剖析，这样能更好地解释农民收入在这一时期所存在的问题。综合来看，本书选用了动态分析和静态分析相结合的方法，对改革开放三十多年来我国农民收入增长演变历程问题进行研究，以期更好地把握农民增收所存在的问题。

2. 历史分析与比较分析的方法

历史分析方法是运用发展、变化的观点来分析客观事物和社会现象的方法。客观事物是发展变化的，分析事物要把其发展的不同阶段加以联系和比较，这样才能弄清其实质，并能够揭示其发展的趋势。而比较分析法

是通过对不同的研究对象进行比较分析，发现它们之间的共性和差异，从
而得出可能的研究结论。本书在分析我国地区间农民收入这一复杂问题时
将这两种研究方法相结合，围绕时间和空间的变化，对不同地区、不同历
史时期和不同收入阶层的农民收入问题加以比较分析，为寻求促进农民增
收的有效途径提供了坚实的依据。

3. 距离分析法

本书通过统计学中的距离分析法对改革开放至今各地区农民收入的平
均值及各地区的具体省份农民收入水平进行统计分析来确定东、中、西部
地区的代表省份。距离分析中的相似性测度主要运用皮尔逊相关系数法，
不相似性主要运用欧氏距离法。本书选用皮尔逊相关系数方法。其计算公
式为：

$$r = \frac{\sum_{i=1}^{n}(X_i - \bar{X})(Y_i - \bar{Y})}{\sqrt{\sum_{i=1}^{n}(X_i - \bar{X})^2 \sum_{i=1}^{n}(Y_i - \bar{Y})^2}}$$

选取的标准是改革开放至今各个地区的具体省份中哪个省份的农民收
入水平与该地区农民收入的平均值的相似性越强，则该省份就越具有代
表性。

4. 多元回归分析方法

本文通过建立农民收入决定方程：$\ln(Y) = f(X_1, X_2, X_3, X_4, X_5,$
$X_6, X_7, X_8, X_9, X_{10}, X_{11}, X_{12}, X_{13}, H_i, D_i) + \varepsilon$。其中，$X_1$ 为农户家
庭规模；X_2 为农户家庭劳动力数量；X_3 为农户家庭劳动力负担系数；X_4
为农户家庭劳动力的平均年龄；X_5 为农户家庭劳动力平均受教育年限；X_6
为农户家庭劳动力年内平均外出务工时间；X_7 为农户家庭经营性投入；X_8
为农户家庭农业投入占家庭经营性投入的比例；X_9 为农户家庭户均耕地面
积；X_{10} 为农户家庭粮食播种面积占总播种面积的比例；X_{11} 为农户家庭是
否接受技术培训；X_{12} 为农户家庭是否加入农业专业合作社；H_i 为农户家
庭特征虚拟变量（$H_1 = 1$ 时代表纯农户，其他农户取值为 0；$H_2 = 1$ 时代表

兼业户，其他农户取值为 0；$H_3 = 1$ 时代表非农户，其他农户取值为 0）；D_i 为农户家庭所处地域特征虚拟变量（$D_1 = 1$ 时代表江苏省的农户，其他农户取值为 0；$D_2 = 1$ 时代表河南省的农户，其他农户取值为 0；$D_3 = 1$ 时代表四川省的农户，其他农户取值为 0）。从样本总体、分地区、分收入组多个角度对影响农民收入的因素进行多元回归分析，以找出影响农民收入的显著性因素。

5. Shapley 值分解方法

本书在对样本总体、分地区、分收入组影响农民收入的因素进行多元回归分析的基础上，采用 Shapley 值分解方法，进一步定量分析各显著性因素对农民收入差异的贡献率，以找出农民收入差异的主要影响因素。该方法的主要思想是将收入决定方程的某一个自变量（例如 X_1）取样本均值，然后再将 X_1 的平均值和其他变量的实际值一起代入收入决定方程，推测出收入数据。并且计算对应于这个估计收入的差异指数，记做 I'。此时该指数已经不包含"X_1"的影响了。于是可以将 I' 与根据真实数据计算出的收入差距（I）之间的差额作为 X_1 对于收入差异的贡献。如果将 X_1 取了均值后，收入差异缩小了，说明 X_1 是扩大收入差异的因素。它对收入差异的贡献为正；反之则为负（赵剑治，2009）。

6. 归纳与演绎相结合的分析方法

本书从宏观层面对改革开放以来我国农民收入增长的阶段性变化、结构和贡献率的变化、农民收入差异变化以及增长滞缓的原因进行归纳；从中观层面对改革开放至今我国东、中、西部地区的代表省份农民收入问题的共性及差异性进行了归纳；从微观层面对苏、豫、川农户收入及差异的影响因素进行了归纳；在此基础上提出了促进我国农民收入持续增长、缩小农民收入差异的政策建议。

1.5 研究的技术路线

本书的技术路线如图 1-1 所示。

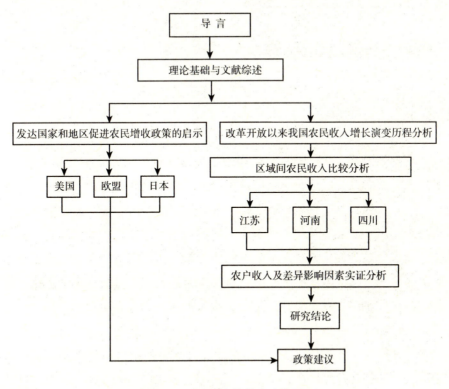

图 1-1　本研究的技术路线图

1.6　数据来源

本书的数据主要由官方统计资料和实地调研数据两部分组成。其中，官方的统计资料主要来自《中国统计年鉴》、《中国农村统计年鉴》、《中国农村住户统计年鉴》、《中国农业统计年鉴》、《中国统计摘要》、《全国农产品成本收益资料汇编》、《中国乡镇企业及农产品加工业年鉴》、《江苏省统计年鉴》、《河南省统计年鉴》、《四川省统计年鉴》、《兴化市统计年鉴》、《常熟市统计年鉴》、《郸城县统计年鉴》、《长垣县统计年鉴》、《广汉市统计年鉴》、《双流县统计年鉴》。实地调研数据主要来自笔者对苏、豫、川三省六县（市）600 户农户的实地调查。

1.7 相关概念的阐释

1.7.1 农民

在发达国家，"农民"一词指的是经营农场的人，是一个职业概念，和工人、商人没有区别，只是职业不同而已。而在许多发展中国家，"农民"一词不仅仅是一种职业概念，还带有一种身份的象征，而且后者比前者更为突出。社会学家及"三农"问题评论家艾君认为，学术界最为常用的"农民"的界定方法就是从职业的角度来进行界定，即凡是从事农业生产的人就是农民，不从事农业生产的人就不是农民。目前，我国法律上确认"农民"的唯一标准是户籍标准。1958年1月《中华人民共和国户口管理条例》正式实施以后，我国形成了农村户口和城市户口"二元结构"的户籍管理体制。凡是具有城镇户口的居民（不管他从事何种职业）就是城镇居民；凡是具有农村户口的居民（不管他从事何种职业）就是农村居民，即农民。本书研究的农民是以户籍为标准定义的农民。

1.7.2 农民收入

我国农民收入按照计算的方法可分为总收入和纯收入，按照收入的来源可分为工资性收入、家庭经营性收入、财产性收入和转移性收入。根据国家统计局的规定，各种收入的具体定义如下：

（1）总收入。总收入是指农村住户成员当年从各种来源渠道得到的收入总和。它没有扣除期内所发生的费用。

（2）纯收入。纯收入是指农村住户成员当年从各种收入来源得到的总收入中扣除家庭经营费用支出、税费支出、生产性固定资产折旧以及农村内部亲友赠送后的收入总和。农民人均纯收入是按人口平均的纯收入水平，反映的是一个国家或地区农民的平均收入水平。

（3）工资性收入。工资性收入是指农村住户成员受雇于单位或个人，靠出卖劳动而获得的收入，也称为劳动报酬。

（4）家庭经营性收入。家庭经营性收入是指农村住户以家庭为生产经营单位进行生产筹划和管理而获得的收入。农村住户家庭经营活动按行业划分为农业、林业、牧业、渔业、工业、建筑业、交通运输业、邮电业、批发和零售贸易餐饮业、社会服务业、文教卫生业和其他家庭经营。

（5）财产性收入。财产性收入指农村住户将自己的金融资产或有形非生产性资产提供给其他机构单位供其支配，作为回报而从中获得的收入。

（6）转移性收入。转移性收入是指农村住户和住户成员无须付出任何对应物而获得的货物、服务、资金或资产所有权等，不包括无偿提供的用于固定资本形成的资金。一般情况下是指农村住户在二次分配中的所有收入。包括在外人口寄回和带回、农村外部亲友赠送、救济金、保险赔偿收入、退休金、土地征用补偿收入等。

由上述有关农民各种收入的定义可以看出，总收入反映的是农民一年的总收益，而纯收入反映的是农民一年的净收益。因此，农民的纯收入更能反映其家庭的购买能力以及扩大再生产的能力。基于以上考虑，本书关于农民收入的研究，如无特别注明，则都表示的是农民人均纯收入。

1.8 研究可能的创新与不足

1.8.1 研究可能的创新点

1. 研究的切入

本书以改革开放30年为契机，对改革开放至今我国农民收入增长的演变历程进行了系统的分析和深入的研究，以探寻农民收入增长现象背后的本质性及规律性的内容，并以此为基础进一步分析和挖掘农民收入增长及差异的影响因素。

2. 研究的数据

为深入研究我国农民收入增长及差异问题，笔者进行了实地调研。调研地区为我国东、中、西部地区的苏、豫、川三省。每个省调查 2 个县（市）。每个县（市）调查 100 户农户，调查样本共计 600 户农户。调研内容涉及村级调查和农户调查两个方面。其中农户调查的内容包括农户家庭规模、劳动力数量和质量、耕地面积、种植业结构、家庭投资结构、家庭收入结构等方面。实地调研获得的一手数据为深入研究我国农民收入及差异的影响因素奠定了坚实的基础。

3. 研究的方法

本书运用距离分析方法，分别从东、中、西部地区选择了三个省份进行分析，并运用 Shapley 值分解方法对样本农户收入差异的影响因素进行分解分析，具有一定的新意。

4. 研究结论

鉴于本书进行定量分析的数据主要来自笔者对东、中、西部地区的苏、豫、川三省的实地调研，因此本书最终得出的研究结论及政策建议具有更强的针对性和实践性。

1.8.2 研究的不足

本研究主要存在以下三方面的不足：

一是由于统计口径的变化，有关统计资料缺失部分数据，使得本书的研究数据有些地方缺乏完整性。

二是在样本点的选取以及样本的数量上受到人力、物力和其他方面的限制，因此获得的一手研究数据代表的范围有一定的局限性。

三是由于调研数据涉及农民收入，在调研中由于观念等原因而使得数据存在一定的误差，这使得模型的测算有一定的困难。

第 2 章

农民收入相关理论基础与文献综述

2.1 相关理论基础

2.1.1 二元经济理论

美国经济学家、诺贝尔经济学奖获得者 W. 刘易斯，集中地研究了二元经济结构问题，提出了工业化带动理论（陶济，2001）。刘易斯认为，发展中国家存在现代部门和传统部门两大经济部门。现代部门以工业生产为特征，而传统部门以农业生产为特征。现代部门使用的是再生产性资本，采用的是规模化的机器生产，所以现代部门的生产率较高；而传统部门使用的不是再生产性资本，采用的是手工劳动，存业人员较多又没有形成规模生产，所以传统部门的生产率较低。两部门之间生产效率的差异导致了两部门间收入水平的差异。现代部门的生产率较高，因此收入水平也较高，除了维持自身生存外还可以积累用于扩大再生产的资本；而传统部门由于生产率较低，存业人员多，因而相应的收入水平也较低，仅仅能够维持自身生存。刘易斯还认为，二元经济发展的关键问题就是剩余劳动力由传统农业部门向现代工业部门和其他部门转移的问题。现代工业部门通过扩大再生产，提供就业机会，不仅可以为传统农业部门转移出剩余的劳动力，还可以带动传统农业部门生产率和收入水平逐渐提高，同时也可以促进本部门资本进一步积累，从而促进生产规模进一步扩大，生产率和收入水平进一步提高。现代工业部门的扩张不仅推动和促进了经济结构从二元向一元转化，而且还推动和促进了传统农业部门从不发达部门转变为发达部门。

2.1.2　人力资本理论

20世纪60年代，美国经济学家舒尔茨创立了人力资本理论。该理论认为，人力资本表现为蕴含在人身上的各种生产知识以及劳动与管理的技能。人力资本是经济增长和社会进步的决定性原因。一国（或一地区）人力资本的存储量越大，质量越高，那该国（或地区）的经济增长就较快。同时，该理论还认为人力资本的积累并不是免费的，它是投资的结果。教育投资是人力资本投资的主要部分，这种投资的经济收益要远远高于物质资本投资的经济收益。

2.1.3　"配第—克拉克定律"和"库兹涅茨定理"

英国经济学家配第和克拉克通过对世界各国的国民收入水平差异及其经济发展阶段差异进行研究，发现：随着经济水平的不断发展以及人均国民收入水平的不断提高，就业人口首先由第一产业向第二产业转移，再向第三产业转移。第一产业就业人数的比重不断降低，而第二产业和第三产业就业人数的比重不断上升。这种由经济发展阶段和人均收入的变化引起的产业结构的变化被称为"配第—克拉克定律"。美国经济学家库兹涅茨在继承配第和克拉克等人研究成果的基础上，进一步收集统计资料研究后发现：随着经济的发展，第一产业就业人员的比重及国民收入的比重呈下降趋势，而第二产业就业人员的比重及国民收入的比重呈上升趋势。库兹涅茨的发现进一步证明了"配第—克拉克定律"，被称为"库兹涅茨定理"。

2.1.4　土地适度规模经营理论

规模经济（economies of scale）即产量增加的倍数大于成本增加的倍

数，是指在一定的产量范围内，平均成本随着产量的增加而不断降低。与之相对的规模不经济是指当生产扩大到一定规模后，继续扩大生产时，产量增加的倍数就会小于成本增加的倍数，即随着产量的增加平均成本不断上升。土地适度规模经营理论是以规模经济理论为基础的，它指随着土地经营规模的扩大，农产品的产量也随之增加，从而使得单位农产品平均成本不断降低。根据规模报酬规律的变化可知，土地的经营规模不是越大越好。规模过小或是过大都会造成规模不经济。如图 2 - 1 所示：长期平均成本曲线 LAC 随着产量变化的规律表现为先下降后上升的 U 性特征。在 AM 阶段，LAC 曲线向右下方倾斜，说明在该阶段内产品的平均成本随着产量的增加而下降，属于规模经济；在 MB 阶段，LAC 曲线向右上方倾斜，说明在该阶段内产品的平均成本随着产量的进一步增加而上升，属于规模不经济。在产量为 Q_2 时，长期平均成本 LAC_2 达到最小，这时的经营规模为最佳经营规模。因此，土地的生产者应根据自身的情况进行适度规模经营。

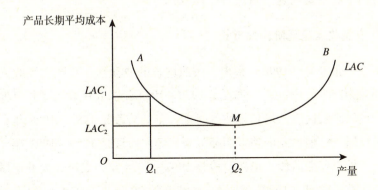

图 2 - 1　规模经济与规模不经济

2.2　相关文献综述

无论是在发达国家还是在发展中国家，农民收入问题都是一个值得关注的问题。随着经济发展水平的不断提高，农民增收出现了许多新的矛盾和问题，并且引起了专家和学者们的广泛关注。在我国，农民收入问题是

"三农"问题的根源，如何从根本上破解农民增收的难题是国内专家和学者们关注的焦点。目前，国内专家和学者们对农民收入增长的研究主要集中在有关农民收入的现状、影响农民收入增长的因素以及促进农民增收的对策三个方面。

2.2.1 农民收入现状的研究

1. 农民收入增长滞缓

马晓河（1994）提出，改革开放初期，我国农民收入增长最快，但1984年之后，由于农业的发展速度下降，加之种植业开始减产，导致我国农民收入增长速度明显低于农业的发展。1989～1991年三年间，扣除物价因素，我国农民收入年均增长仅为0.7%，农民收入增长率1992年虽超过了5%，但1993年又回落到了3.2%，农民收入增长滞缓已经成为农村经济发展面临的主要问题（董玉舒，1994）。

2. 农民收入呈现阶段性增长

王荣、张宏升（1998）指出，按照增长的波动性，我国农民收入增长可以划分为四个阶段：第一阶段是1979～1984年，农民收入增长迅速，是改革开放以来农民收入增长最快的时期；第二阶段是1985～1988年，农民收入继续增长，但增长的速度明显放缓；第三阶段是1989～1991年，农民收入增长处于停滞阶段；第四阶段是1992～1998年，农民收入处于增长恢复阶段。范小建等（1999）认为，改革开放20年来我国农民收入增长经历了高速—稳定—停滞—快速—放缓的阶段性增长。具体阶段划分为：高速增长阶段（1978～1984年），该阶段农民收入年平均增长率为15.6%；稳定增长阶段（1985～1988年），该阶段农民收入年平均增长率为4.9%；增长停滞徘徊阶段（1989～1991年），该阶段农民收入年平均增长率仅为1.9%。其中，1989年农民收入与上年相比非但没有增长，反而降低了1.6%；快速增长阶段（1991～1996年），该阶段农民收入年平均增长率为5.3%。其中，1996年农民收入的增长率达到了9%；增速放缓阶段（1997～1998年），农民收入的增长率1997年为4.6%，1998年为4.3%，两年平均增长了 4.45%。

3. 农民收入增长格局改变

改革开放以来，我国农民收入增长的格局发生了根本性的变化。表现为农民收入中来自农业的收入大幅下降，而来自非农业的收入在大幅度提升。非农收入成为农民增收的主要推动力量（盛来运，2005）。李宁辉等人（2006）对国家统计局农民收入的相关数据进行分析后指出，家庭经营性收入虽仍是农民收入的主要构成部分，但其在农民收入中的比重稳中趋降。而工资性收入占农民收入的比重不断上升，对农民收入增长的贡献也在不断增加，成为农民收入增长的重要来源。

4. 农民收入差距呈扩大趋势

景林、雷锡禄（1981）指出，自新中国成立以来我国城镇职工家庭人均可支配收入同农村居民家庭人均纯收入的差距在不断扩大。1952 年我国城镇职工家庭人均可支配收入是农村居民家庭人均纯收入的 2.1 倍。1979 年二者之比增加为 2.9 倍，比 1952 年扩大了 0.8 倍。张红宇（2002）指出，2000 年我国城乡居民收入比为 2.79:1，2001 年上升为 2.90:1；除此之外，农户间收入差异也在不断扩大。杨柳（2008）认为，由于国民收入分配格局的不断变化以及收入渠道的不断拓宽，我国城乡居民之间的收入差距在不断扩大。社会财富逐渐向少数人集中，出现了富者更富、贫者更贫的现象。截至 2006 年底，我国城乡居民收入绝对额之差已经达到 8 172 元，城乡居民收入之比也从 1990 年的 2.20:1 上升至 2006 年的 3.28:1。

2.2.2 影响农民收入增长的因素研究

1. 资源禀赋因素

韦鸿等（2003）认为，土地、生产性固定资产、人力资本以及资金四类资源是我国农户获得收入的主要渠道，且资源的多寡决定着农户收入的高低。在众多影响农民收入增长的因素中，我国当前农村人力资源的质量是农民收入增加的"瓶颈"（李朝林，2000）。

中央政策研究室农业部农村固定观察点办公室（2001）以劳动力受教育程度作为人口素质参数，分析了人口素质与农户收入的关系，发现劳动力受教育程度高的群体比劳动力受教育程度低的群体收入高。劳动力受教育程度的差异将直接导致劳动力生产效率的差异，进而导致收入的差异。同时，还指出农民增收不仅依赖于人力资本的提高，也强烈地依赖于家庭资产。

张秋锦等（2008）指出，截至2004年，全国的耕地面积为1.3亿公顷，人均耕地面积为1.5亩，仅为世界平均水平的40%。同时，我国的人均淡水资源也仅为世界平均水平的25%。耕地资源及水资源的不足严重制约了我国农业的发展和农民收入的增长。

2. 农村剩余劳动力因素

赵金光（2002）认为，我国大量的劳动力仍集中在传统农业生产上，农村二、三产业吸纳劳动力就业的能力较低，致使农村劳动力就业结构不合理，农业生产效率低，进而制约了我国农民收入的增长。此外，他还认为发达国家的历史表明，一个国家（民族）的发展史都是传统意义上的农民不断减少的历史。至今还未有一个农民占大多数的国家能够实现现代化。发达国家从事农业生产的劳动力占总劳动力的比重一般在10%以下。英、美、法、日等发达国家20世纪90年代初期农业劳动力占总劳动力的比重已经在6%以下，而我国2001年农业劳动力占总劳动力的比重为46.6%，远高于发达国家同期的水平。

张红宇（2002）认为，2000年我国农业总产值占国内生产总值的比重已经下降到15.9%，而农业劳动力占总劳动力的比重高达50%。农业劳动生产率与非农产业劳动生产率的差距逐年扩大，已经从1990年的3.93倍扩大至2000年的5.29倍。农业劳动生产率较低已经成为我国农民收入增长滞缓的根本原因。

吴敬琏（2002）认为，我国农村剩余劳动力过多，而人均占有资源尤其是耕地资源的数量较少，造成农业的劳动生产率提高缓慢。加之农业生产成本的迅速上涨，致使农民增收效果不显著。如果这种态势得不到根本改变，则其他措施很难在提高农业劳动生产效率以及增加农民收入上显示出明显的成效。

3. 制度性因素

李成贵（2001）指出，城市经济受国民经济宏观形势的影响发展缓慢，为农村剩余劳动力提供的非农就业机会减少。而且，一些地方还出台了限制农民进城务工的政策，致使农民非农收入减少，增收受阻。也就是说城乡分割的二元体制在一定程度上堵塞了农民进城务工的渠道，影响了农民收入的增长。

陈锡文（2004）认为，农民增收受到城乡二元结构、财税制度、金融制度、农产品流通制度以及农村土地制度等制度性因素的制约。其中，城乡分割的户籍制度、就业制度以及社会保障制度是影响农民收入增长的重要原因。

高倚云（2005）认为，农民收入增加存在着土地制度的缺陷，主要体现在土地所有权的缺陷、使用权的缺损、家庭承包责任制的缺陷以及农村土地征用制度的缺陷。

4. 农业产业结构因素

张晓山（2000）指出，目前我国农业结构的调整主要体现在各种农作物品种及产量的调整，而没有关注农产品质量的提高。而城市的消费者随着收入的提高在选择农产品时更加注重其品质，因此，在这样的农业结构调整后上市的农产品增加价势必影响其价格，进而影响农民收入的增长。

朱明侠等（2003）认为，农业结构不合理是影响农民增收的首要因素。突出表现在农产品的质量不高，初级产品较多，加工品少，深加工品更少。而且农产品的区域性结构不同程度地存在趋同问题，区域优势未能得到充分发挥。

5. 农民组织化程度因素

张晓山（2003）认为，目前我国正处于经济转型期，地区间以及不同群体之间的收入差距不断加大，农民作为弱势群体急需合作社这样的组织来保障他们的利益。农民由于其组织化程度较低，致使他们在农业生产资料的购买、农产品的销售以及市场信息的获取等诸方面都处于弱势地位，缺乏话语权。因此，农民作为弱势群体要想提高自身在市场上的谈判地位，提高农民的组织化程度是必然的措施。

罗建军（2005）认为，现阶段我国农民的组织化程度低，主要体现在三个方面：一是分散的农户土地经营规模较小，且地块零散，限制了生产要素的合理配置；二是分散的农户无力改善农业基础设施和进行农业技术改造，集体组织的弱化难以将分散的资金和劳动力集中起来；三是分散农户经营意味着农村市场上农户个体的农产品供给量较小，农民在不对称的价格关系中利益遭受损失。

吴启伦等（2008）也认为，在家庭联产承包责任制下，分散的农户市场竞争力不强，抗风险的能力也较差，农民的组织化程度低已经成为影响农民增收的主要障碍。

2.2.3 促进农民收入增长的对策研究

1. 统筹城乡发展

陈锡文（2003）提出，农业、农村和农民问题不可能在封闭的农村内部得到解决，而要把这些问题同城市的发展结合起来，用城乡统筹的眼光来考虑如何解决我国的"三农"问题。韩俊（2003）认为，统筹城乡发展是一项巨大的系统工程，涉及社会、经济和生活的各个方面。统筹城乡发展有利于实现城乡经济良性循环，有利于解决"三农"问题，有利于全面建设小康社会目标的实现。

2. 增加农村基础设施投资

林毅夫（2003）认为，政府应该加大对农村水、电、气以及道路建设等农村基础设施建设的财政投资力度，为农村剩余劳动力创造更多的就业机会。这不仅有利于提高农民的生活质量，也有利于缩小城乡差距。

徐祥临（2002）认为，政府应开辟农民增收的新渠道，即大规模向农村基础设施建设领域投资，增加农民收入，进而提高农民的消费力，产生农民增收的乘数效应。

3. 加快劳动力转移

范小建等（1999）认为，我国改革开放的发展历程充分说明了，农村剩余劳动力转移的过程就是农民收入增加的过程。改革开放初期，农村劳动力搞家庭多种经营或外出打工，使得农业劳动生产率得到提高，农民收入水平也逐步上升。但是目前来看还有一亿多的剩余劳动力滞留在农业，而且每年以1 600万的速度增加。农业剩余劳动力得不到有效转移，农民增收的目标就难以实现。因此，进一步加大农村剩余劳动力转移的力度是促进农民增收的一个重要途径。吴敬琏（2002）也认为，实现大量农村剩余劳动力向非农产业的转移，是解决我国"三农"问题的关键。

4. 加速城镇化进程

李炳坤（2001）认为，在促进农民收入增长的各项政策措施中，加速城镇化进程特别是加快小城镇建设，具有其他政策措施所不能比拟的效果。它不仅可以带动农村经济的发展，还可以促进农民收入的快速增长。

张晓山（2001）认为，相对于数量庞大的农村剩余劳动力来说，大中城市为其提供的非农就业机会是极其有限的。而且大多数农村劳动力进入城市后主要从事的是简单劳动，劳动报酬较低，而生活成本较高。农村劳动力只能成为大中城市的流动就业人口，这不利于农民收入的稳定增长。相对而言，小城镇虽然为农村剩余劳动力提供的就业机会少，但其生活成本相对也较低，易于形成稳定的就业环境。因此，今后国家应加快发展小城镇建设，促进农村剩余劳动力的有效转移。

5. 深化农村改革

张红宇（2001）认为，促进农民收入增长就应积极、稳妥地推进农村改革，尤其是农村税费改革。因为农村税费改革是关系农民收入的重大问题，其中的关键是认真做好计税面积、计税常产、摸底测算等基础性的工作。同时，对农村改革后可能出现的各种问题要提早做研究，并加以妥善解决。

尹成杰（2001）提出，农村改革是社会主义新农村建设的强大动力。

因此，要进一步深化农村改革，创新农村体制和农业经营体制，放活农业，放活农村，为促进农民收入增长增添新的动力。

6. 调整农业和农村经济结构

韩俊（2001）认为，对农业和农村经济结构进行战略性调整是促进农民增收的根本途径。具体做法为：第一，跳出长期以来片面重视提高农产品产量的圈子，把提高农产品的品质放到第一位；第二，跳出小农业的圈子，做好发展大农业这篇文章；第三，打破农产品自求平衡的圈子，发挥农业的区域比较优势；第四，改变长期以来农业生产、加工和销售各环节相互脱节的状态，大力推进农业产业化经营。

汪金敖（2002）也认为，加大农业经济结构调整力度蕴藏着促进农民增收的巨大潜力。因此，应继续加大农业经济结构调整力度，真正使农业增长方式由过去单纯追求数量增加，向寻求品种改良和质量提高的方向转变，从而有效地增加农民收入。

7. 提高农民的组织化程度

张晓山（2003）认为，要加速农村的组织创新，提高农民进入市场的组织化程度，使千千万万分散的农户集中起来以较低的成本进入市场，成为市场经济的主体。

陈进（2003）提出，农产品行业协会和农民专业合作经济组织的组建有利于打破城乡分割、行业分割的状况，有利于保护农民的合法权益，提高农民在市场上的谈判地位，使得农民的利益免遭损失。

颜华（2004）认为：农民合作经济组织是农民利益在市场经济条件下的最佳捍卫者。合作经济组织不仅涉及生产和销售方面，在农民生活方面也有所涉及，因此，通过农民合作经济组织不仅能够有效降低农民的市场交易成本，还能切实改善农民的生产和生活条件。

2.2.4 评述

综合上述有关农民收入的研究文献可以发现：

（1）国内的专家和学者对有关农民收入问题的研究较多，且广度和深度都在不断拓展。综观这些研究，主要集中在有关农民收入的现状、影响农民收入的因素以及如何增加农民收入的对策三个方面。但大多数研究主要是从某一个方面来研究农民收入的，如城乡居民收入差距、农民收入结构变迁以及人力资本对农民收入的影响等，或者是从某一地区如粮食主产区、中西部地区来研究，而对我国农民收入从增长到差异的综合性研究较少。

（2）有关农民收入的研究多集中于国内，与国外对比研究特别是与类似发展阶段的国家对比研究较少。虽然我国与其他发达国家在历史与现实方面存在较大的差异，但是农民收入问题不是我国特有的，它是任何一个国家在工业化进程中的必然产物，而且这些发达国家目前已较为成功地解决了农民收入问题，这对研究如何解决我国农民收入问题无疑具有一定的参考意义。

本书以此为契机，对我国农民收入增长及差异进行了较为全面、系统的研究，希望对进一步解决我国农民收入问题提出有效的政策建议。

第 *3* 章

改革开放以来我国农民收入增长
演变历程分析

本章以改革开放至今农民收入增长演变历程为切入点，系统地分析了1978 年以来农民收入增长变化的阶段性特征、结构以及农民收入差异。力求从整体上把握农民收入的特点，揭示农民收入的动态变化过程，从而为分析产生这种变化的原因提供科学、客观的依据。本章具体的研究内容为：第 3.1 节 ~ 3.3 节主要对改革开放以来我国农民收入增长的阶段性、结构以及差距的变化情况进行分析；第 3.4 节对影响我国农民收入增长的因素进行分析。

3.1　农民收入增长阶段划分

改革开放 30 余年来，我国农民收入呈现出持续增长的态势。1978 年我国农民人均纯收入只有 133.6 元，2012 年上升为 7 917 元，名义增长近 59.26 倍，年均名义增长 12.08%，年均实际增长 7.64%（见图 3 - 1）。具体来看，我国农民收入增长在不同经济发展时期呈现出明显的阶段性特征。按照我国农民收入增长率的变化，1978 ~ 2012 年农民收入增长可划分为 6 个阶段（如表 3 - 1 所示）。

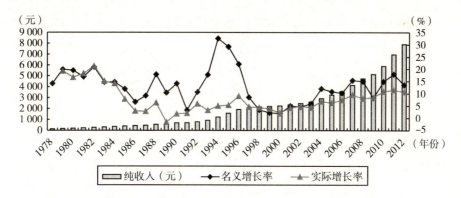

图 3 – 1　1978～2012 年我国农民收入增长变化情况

资料来源:《中国农村统计年鉴》(1979～2013)。

表 3 – 1　　　　1978～2012 年我国农民收入增长的阶段性变化　　　　单位:%

年份	增长特点	年均名义增长率	年均实际增长率
1978～1984	高速增长阶段	17.2	15.6
1985～1988	缓慢增长阶段	11.4	5.7
1989～1991	增长停滞阶段	9.2	0.7
1992～1996	增长回升阶段	22.4	5.7
1997～2000	增长持续下降阶段	4.0	3.7
2001～2012	增长恢复阶段	8.4	7.7

资料来源:根据历年《中国农村住户调查年鉴》的统计数据计算得到。

3.1.1　高速增长阶段 (1978～1984 年)

该阶段农民收入从 133.6 元增加到了 355.3 元,年均名义增长率为 17.2%,扣除物价因素后年均实际增长率也达到 15.6%。

这一阶段是农村经济体制改革的初始阶段。1978 年实施的家庭联产承包责任制突破了人民公社体制的束缚,解放了农村生产力。与此同时,该阶段国家对农产品价格的提高也极大地调动了农民发展农业生产的积极性,提高了农业劳动生产率,推进了农业的超常发展。这段时期中央也认识到农村不应当只发展农业,也可以发展非农产业,走"农工商建运服"综合发展的道路,因而中央从全局上高度重视社队企业(即后来的乡镇企业)的发展,并制定了一系列扶持政策。但由于种种原因,这一阶段社队企业发展并不快，因此，家庭联产承包责任制的实施和农产品价格的提高是该时期农民收入高速增长的主要原因。

3.1.2 缓慢增长阶段（1985～1988 年）

该阶段农民收入增长仍然较快，但与第一阶段相比农民收入实际增长率已经降到 10% 以下，增长变缓。农民人均纯收入由 397.6 元增长到 544.9 元，名义年均增长率虽仍然较高，为 11.4%，但扣除物价因素后年均实际增长率仅为 5.7%。

这段时期，农业、尤其是粮食生产不景气，粮食生产出现了徘徊的被动局面，严重影响了农民收入的增长。但这一时期也是乡镇企业突破"三就地"和"两个轮子"①的限制，快速发展的阶段。该时期大约有 4 340 万农民在乡镇企业从事全日制或非全日制工作（农业部软科学委员会办公室，2001），这在很大程度上抵消了农业生产不景气对农民收入增长不利的影响。这一阶段乡镇企业的发展对整个农村经济发展产生了深远的影响，不仅带动了农村经济结构的调整，还为农民增收提供了新的源泉，使农民收入来源向多元化发展。

3.1.3 增长停滞阶段（1989～1991 年）

该阶段农民人均纯收入由 601.5 元增加到 708.5 元，年均名义增长率虽为 9.2%，但扣除物价因素后的年均实际增长率仅为 0.7%。其中，1989 年的名义增长率为 10.4%，但实际收入下降了 1.6%。1990 年的名义增长率为 14.1%，而实际增长率仅为 1.8%，1991 年的实际增长率为 2.0%。

20 世纪 80 年代后期，我国农业增长开始由原来的长期供给短缺转向需求制约的局面，农产品供求之间因品种和品质的不对称而未能形成有效供给，出现了"卖粮难"、"卖棉难"的现象。农产品供求之间的矛盾是该时期形成农民增收停滞的主要原因之一。其二，该时期农业生产资料价格

---

① "三就地"指就地取材、就地加工、就地销售；"两个轮子"指社办和队办。

大幅度上涨。1989～1991年度，农业生产资料价格在1988年上涨6%的基础上分别比上年价格水平上涨18.9%、25.4%和29.1%，而同期农产品收购价格却反向下跌，1990、1991年度农产品收购价格分别比上年降低2.6%和3%。农业生产成本的急剧上升以及农产品收购价格的降低致使农业生产的利润空间不断下降，从而影响了农民收入的增长（范小建，1999）。除此之外，乡镇企业的发展出现了与城镇工业争原料、争能源、争产品的现象。因此，国家于1988年提出了治理整顿的方针。加之，受资金紧缩和市场疲软等因素的影响，乡镇企业发展受到了抑制，农民进入非农产业就业的机会减少。这是该时期农民收入增长停滞的又一原因。

3.1.4 增长回升阶段（1992～1996年）

该阶段农民人均纯收入由783.9元增加到1926.1元，年均名义增长率达22.4%，扣除物价因素后实际增长率为5.7%。除1993年实际增长率为3.2%外，其他四年的实际增长率均超过了5%，且1996年的实际增长率达到了9%。

1992年以后农村改革进入了一个向社会主义市场经济体制全面转轨的时期。1994年和1996年粮食两次提价82%（宋洪远，2008），这在很大程度上促进了农民收入的增长。另外，这个时期乡镇企业实施了以产业结构调整和产品结构调整为主的结构性调整，加上技术进步的不断加快，使得乡镇企业又一次进入高速发展阶段。据《中国乡镇企业30年》的统计资料显示，该时期乡镇企业从业人员从10 581万人增加到13 058万人，增长23.4%，利润总额从1 079亿元增加到4 356亿元，增加了3 277亿元。乡镇企业的进一步发展对该阶段农民收入的增长发挥了重要的作用。

3.1.5 增长持续下降阶段（1997～2000年）

该阶段农民人均纯收入由2 091.13元增加到2 253.42元，年均名义增长率仅为4%，扣除物价因素后实际增长率为3.7%。1997～2000年农民收入的名义增长率从8.5%下降至1.9%，实际增长率从4.6%下降至2.1%，农民收入增幅连年下降。

这个时期尽管农产品总量增加，但是大多数农产品的市场价格较低，因此，农民的农业收入增长停滞不前。2000 年农民来自农业的人均纯收入比 1997 年减少了 129.3 元。与此同时，由于 1997 年东南亚金融危机的影响，国际市场需求减少，乡镇企业出口受阻，导致国内市场竞争加剧。尤其是进入买方市场后，乡镇企业发展速度明显放慢，效益滑坡，吸纳农村剩余劳动力的能力减弱。农民外出就业压力加大，非农收入下降。这两方面的原因导致了这一时期农民收入增幅连年下降的主要原因。

3.1.6 增长恢复阶段（2001～2012 年）

该阶段农民人均纯收入由 2 366.4 元增加到 7 917 元，年均名义增长率为 8.41%，扣除物价因素后实际增长率为 7.43%。2001 年，农民人均纯收入名义增长率为 5%，实际增长率为 4.2%，扭转了自 1997 年以来农民收入增幅连续四年下滑的局面。从 2004 年到 2009 年，农民人均纯收入实际增长率连续六年超过了 6%，2010～2012 年农民人均纯收入的实际增长率达到 10% 以上，农民收入进入增长恢复时期。

该时期农村改革开始全面实行。2006 年我国全面取消了农业税，结束长达 2600 多年的种地交税的历史，极大地减轻了农民的负担。此外，该时期农村还实行了社会主义新农村建设和以乡镇机构改革、农村义务教育改革以及县乡财政管理体制改革为主要内容的农村综合改革，制定了"以工促农、以城带乡"的发展战略，并实施了一系列支农惠农政策。这些因素是这一时期农民收入增长恢复的主要原因所在。

综上所述，1978～2012 年以来，我国农民收入总体呈上升趋势，但各年的增长速度差异较大。期间，农民人均纯收入名义增长率最快的年份是 1994 年，达到 32.5%，最慢的年份是 2000 年，仅为 1.95%；实际增长率最快的年份是 1982 年，达到 21.3%，最低的年份是 1989 年，为 -1.6%。此外从图 3-1 还可以看出，1978～1984 年是农民收入增长的"黄金时期"，农民收入的实际增长率平均达到了 15.6%。之后的 20 余年间农民收入的水平虽然不断上升，增速也经历了停滞—回升—下降—恢复阶段，但实际增长速度一直维持在较低的水平上。农民收入增长速度低，水平低，从而导致城乡居民收入差距不断拉大。

3.2 农民收入来源结构及不同收入来源贡献率分析

3.2.1 农民收入来源结构分析

我国农民人均纯收入按照来源可以分为工资性收入、家庭经营性收入、财产性收入和转移性收入四个部分。改革开放30余年来，我国农民收入来源结构的变化如表3－2所示。

表3－2   1978～2012年农民收入来源结构及不同收入来源的贡献率   单位:%

年份	工资性收入		家庭经营性收入		财产性收入		转移性收入	
	构成	贡献率	构成	贡献率	构成	贡献率	构成	贡献率
1978	66.1	—	26.8	—			7.1	—
1979	62.9	47	27.5	31			9.7	23
1980	55.6	18	32.7	60			11.7	22
1981	50.9	23	37.8	68			11.2	8
1982	52.9	62	38.1	39			9.1	−1
1983	18.6	−215	73.5	315			7.9	0
1984	18.7	20	73.6	75			7.6	6
1985	18.1	13	74.4	81			7.4	5
1986	19.3	27	73.9	49			6.8	−2
1987	20.6	47	74.7	108			4.7	−24
1988	21.6	27	74.0	70			4.4	3
1989	22.7	33	72.2	55			5.1	11
1990	20.2	3	75.6	99			4.2	−2
1991	21.4	59	73.9	22			4.7	18
1992	23.5	43	71.6	50			4.9	7
1993	21.1	7	73.6	85	0.8	—	4.5	3
1994	21.5	23	72.2	68	2.3	7	3.9	2

续表

年份	工资性收入		家庭经营性收入		财产性收入		转移性收入	
	构成	贡献率	构成	贡献率	构成	贡献率	构成	贡献率
1995	22.4	25	71.4	68	2.6	3	3.6	3
1996	23.4	28	70.7	68	2.2	0	3.6	4
1997	24.6	39	70.5	67	1.1	-12	3.8	6
1998	26.5	82	67.8	-9	1.4	9	4.3	18
1999	28.5	117	65.5	-36	1.4	2	4.5	17
2000	31.2	167	63.3	-49	2	31	3.5	-50
2001	32.6	62	61.7	29	2	2	3.7	8
2002	33.9	63	60	25	2	3	4	9
2003	35.0	53	58.5	37	2.5	10	3.7	-1
2004	34.0	25	59.5	65	2.6	3	3.9	6
2005	36.1	55	56.7	31	2.7	4	4.5	10
2006	38.3	60	53.8	26	2.8	4	5	10
2007	38.6	40	53.0	47	3.1	5	5.4	7
2008	38.9	42	51.2	39	3.1	3	6.8	16
2009	40.0	52	49.0	23	3.2	4.9	7.7	19.0
2010	41.1	48.3	47.9	40.0	3.4	4.6	7.7	7.2
2011	42.5	50.3	46.2	36.8	3.3	2.5	8.1	10.4
2012	43.5	51.5	44.6	33.2	3.1	2.2	8.7	13.1

资料来源:根据《中国农村住户调查年鉴》(2013)的有关数据计算得到。

1. 家庭经营性收入是农民收入的主要来源,但其在农民收入中的比重近年来不断下降

1978~1983年间,在家庭联产承包责任制的大力推动下,我国农业生产力不断提高,农民人均纯收入中来源于农业的收入不断增加,家庭经营性收入成为农民收入的主要来源。1978年农民人均纯收入中家庭经营性收入的比重为26.8%,到1983年农民人均纯收入中家庭经营性收入就跃升至73.5%。5年间家庭经营性收入在农民人均纯收入中的比重增加了46.7%。1983年之后,随着农村非农产业的发展,大量农村劳动力流向非农产业,农民人均纯收入中工资性收入的比重逐渐增加。而与此同时,经

营体制的变革对农民收入增长的影响逐渐减弱，家庭经营性收入在农民人均纯收入中的比重表现出振荡下降的趋势。1984 年家庭经营性收入在农民人均纯收入中的比重为 73.6%，1990 年上升到 75.6%，2012 年下降至 44.6%。家庭经营收入在农民人均收入中的比重虽然降低，但仍要高于其他三项收入，是农民收入的主要来源。

2. 工资性收入在农民收入中的比重近年来不断上升，成为农民收入增长的重要来源

1983 年之后，随着农村非农产业的发展，特别是 20 世纪 80 年代中期乡镇企业的崛起和发展，大量农村劳动力流向非农产业，农民人均纯收入中工资性收入所占比重不断上升。1984 年工资性收入在农民人均纯收入中的比重为 18.7%，至 2012 年工资性收入在农民收入中所占的比重比 1984 年增加了 24.8 个百分点，达到了 43.5%。工资性收入成为农民收入的重要来源。

3. 财产性收入和转移性收入在农民收入中的比重不高，不是农民收入增长的主要来源

由于统计资料缺失 1978～1992 年农民收入中没有有关财产性收入的数据，因而无法计算该段时期财产性收入在农民收入中的比重。本书对农民财产性收入的分析从 1993 年开始。1993 年财产性收入占农民人均纯收入的比重为 0.8%。之后财产性收入占农民人均纯收入的比重逐渐上升，2012 年为 3.1%。1978 年转移性收入在农民人均纯收入中的比重为 7.1%，1980 年上升为 11.7%。2003 年转移性收入在农民人均纯收入中的比重下降为 3.7%，之后转移性收入在农民人均纯收入中的比重又逐渐上升。2012 年转移性收入在农民人均纯收入中的比重为 13.1%。总之，改革开放至今财产性收入和转移性收入占农民人均纯收入的比重一直较低，不是农民收入的主要来源。

3.2.2　不同收入来源的贡献率分析

在农民收入的四项来源中，财产性收入和转移性收入对农民人均纯收入增长的贡献波动较大，而家庭经营性收入和工资性收入对农民人均纯收入增长的贡献却发生了质的变化，如表 3 - 2 所示。具体分析如下：

1. 家庭经营性收入对农民收入增长的贡献率呈下降趋势

1979 ~ 1997 年的 18 年间，除了个别年份外家庭经营性收入对农民人均纯收入增长的贡献率均在 60% 以上。直至 1997 年，农民人均纯收入增长的 67% 仍来源于家庭经营性收入。但从 1998 年到 2000 年，连续三年家庭经营性收入出现了负增长。2001 年家庭经营性收入改变了连续三年负增长的局面，对农民人均纯收入增长的贡献率为 29%。之后 2002 ~ 2012 年家庭经营性收入对农民人均纯收入增长的贡献率振荡上升。2009 年家庭经营性收入对农民人均纯收入增长的贡献率为 36.8%。但总体来看家庭经营性收入对农民收入增长的贡献呈现出下降趋势。

2. 工资性收入对农民收入增长的贡献率呈上升趋势

工资性收入对农民人均纯收入增长的贡献率与家庭经营性收入相比发生了相反的变化。1998 年工资性收入对农民人均纯收入增长的贡献率达到了 82%，1999 年和 2000 年工资性收入对农民人均纯收入增长的贡献率均超过了 100%（分别为 117% 和 167%）。2001 年之后工资性收入对农民人均纯收入的贡献率虽然有所下降，但除了 2007 年和 2008 年外均超过了 50%（2007 年为 40%；2008 年为 42%），2012 年工资性收入对农民人均纯收入增长的贡献率达到了 51.5%。工资性收入逐渐成为农民收入增长的主要推力。

3. 财产性收入和转移性收入对农民收入增长的贡献率波动较大

1994 年财产性收入对农民人均纯收入的贡献率为 7%，转移性收入对农民人均纯收入的贡献率为 2%。2012 年财产性收入对农民人均纯收入的贡献率为 2.2%，转移性收入对农民人均纯收入的贡献率为 13.1%。1978 ~ 2012 年间财产性收入和转移性收入对农民收入增长的贡献波动较大。

综上所述，1978 ~ 2012 年，家庭经营性收入虽在农民人均纯收入中的比重比其他三项要高，是农民人均纯收入的主要来源，但其对农民人均纯收入增长的贡献率却在逐渐减小。与此相反,工资性收入在农民人均纯收入中的比重呈不断上升的趋势,且其对农民人均纯收入增长的贡献在最近几年起到了主要的作用,是农民人均纯收入的主要增长点。财产性收入和转移性收入在农民收入中所占的比重较小,与家庭经营性收入和工资性收入相比对农民收入的贡献率不高,且波动较大。今后虽然随着农民财产的不断增多和国家财政对农民补贴力度的不断加大,财产性收入和转移性收入在农民人均纯收入中的比重会不断上升,但财产性收入和转移性收入不是农民纯收入的主要来源,只是农民人均纯收入的重要补充,且这种状况在今后相当长的时期内不会改变。

3.3 农民收入差异分析

3.3.1 城乡居民收入差距分析

改革开放30多年来,城镇居民人均可支配收入与农村居民人均纯收入都得到了较大的提高,但因城镇居民人均可支配收入的增长要快于农村居民人均纯收入的增长,致使城乡居民收入差距总体呈现扩大的态势。1978～2012年间,城镇居民人均可支配收入从343元增加到24 565元,增长了71.62倍,年均增长13.57%。而同期,农村居民人均纯收入从134元增加到7 917元,增长了59.08倍,年均增长12.95%。农村居民无论是在收入的绝对增加值还是在增长速度上都要落后于城镇居民(如表3-3和图3-2所示)。

表3-3 　　　　　　1978～2012年我国城乡居民收入差异变化情况

年份	城镇居民可支配收入(元)	农村居民人均纯收入(元)	城乡居民收入比
1978	343	134	2.57:1
1979	405	160	2.53:1
1980	478	191	2.50:1
1981	500	223	2.24:1
1982	535	270	1.98:1

续表

年份	城镇居民可支配收入（元）	农村居民人均纯收入（元）	城乡居民收入比
1983	565	310	1.82：1
1984	652	355	1.84：1
1985	739	398	1.86：1
1986	901	433	2.08：1
1987	1 002	463	2.17：1
1988	1 180	545	2.17：1
1989	1 374	602	2.28：1
1990	1 510	686	2.20：1
1991	1 701	709	2.40：1
1992	2 027	784	2.58：1
1993	2 577	922	2.80：1
1994	3 496	1 221	2.86：1
1995	4 283	1 578	2.71：1
1996	4 839	1 926	2.51：1
1997	5 160	2 090	2.47：1
1998	5 425	2 162	2.51：1
1999	5 854	2 210	2.65：1
2000	6 280	2 253	2.79：1
2001	6 860	2 366	2.90：1
2002	7 703	2 476	3.11：1
2003	8 472	2 622	3.23：1
2004	9 422	2 936	3.21：1
2005	10 493	3 255	3.22：1
2006	11 760	3 587	3.28：1
2007	13 786	4 140	3.33：1
2008	15 781	4 761	3.31：1
2009	17 175	5 153	3.33：1
2010	19 109	5 919	3.23：1
2011	20 810	6 977	3.13：1
2012	24 565	7 917	3.10：1

资料来源：《中国统计年鉴》（1979～2013）。

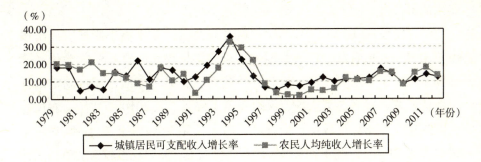

图3-2 1978~2012年城乡居民收入增长率变化情况

资料来源:《中国统计年鉴》(1979~2012)。

1978~2012年,城乡居民收入差距的变动大致可以分为以下六个阶段。

第一阶段(1978~1983年):城乡居民收入差距逐渐缩小阶段。该阶段由于农业生产高速发展和农民收入迅速增长,城乡居民收入差距逐渐缩小,由2.57:1减少到1.82:1(以农民收入为1),且1983年城乡居民收入差距是近年来的最低点。

第二阶段(1984~1994年):城乡居民收入差距逐步扩大阶段。该阶段由于农业发展减速,农民收入增长缓慢,城乡居民收入差距逐步扩大,由1984年的1.84:1增加到1994年的2.86:1。

第三阶段(1995~1997年):城乡居民收入差距振荡降低阶段。该阶段由于非农产业迅速发展,农民进入非农产业就业的机会增加,收入增长较快,城乡居民收入差距振荡降低。1995年城乡居民收入差距为2.71:1,1997年降低到2.47:1。城乡居民收入差距回复到80年代初期的水平。

第四阶段(1998~2002年):城乡居民收入差距迅速扩大阶段。该阶段由于乡镇企业增速减缓,农民收入处于恢复增长阶段,城乡居民收入差距迅速扩大,由1998年的2.51:1上升到2002年的3.11:1。

第五阶段(2003~2009年):城乡居民收入差距缓慢扩大阶段。该阶段由于党中央实施了免除农业税等一系列支农惠农政策,农民收入恢复性增长,城乡居民收入差距缓慢扩大,由3.23:1上升到了3.33:1。其中,2007年和2009年城乡收入差距为3.33:1,达到了改革开放30余年来的最高点。

第六阶段（2010～2012年）：城乡居民收入差距缩小阶段。该阶段由于国家强农惠农富农政策力度大，连续多年提高粮食最低收购价和农业补贴水平，带动农民转移性收入快速增长；另一方面，通过制定最低工资标准等一系列政策法规，保障农民工权益。从2010年开始，农民收入增幅连续三年超过城镇，使得城乡收入差距在2012年缩小到10年来最低的3.10:1。但城乡收入差距仍在3倍以上，差距仍然较大。值得关注的是，以上只是名义上的城乡居民收入差距，如果考虑到城镇居民实际享受的各种工资外的福利性补贴，如住房、医疗、教育以及公共用品等的补贴，城镇居民的实际收入将会更高。而对于农民来讲，如果扣除收入中不可交易的实物性收入以及用于下一年再生产的投资，农民的实际收入将会更低。据有关专家测算，若把这些因素都考虑进去，我国城乡居民收入的实际差距将达到6:1左右（张秋锦，2008）。

3.3.2　区域间农民收入差异分析

1. 东部地区农民收入增长最快，中部地区次之，西部地区增长最慢

1978～2012年，我国东、中、西部地区农民纯收入的差距呈现出不断扩大的趋势。从绝对值来看，1978年三大区域农民人均纯收入分别为172元、133元和120元，收入绝对额差距东中部为36元、东西部为52元、中西部为12元。到2012年，三大区域农民人均纯收入分别为10 817元、7 435元和6 026元，绝对额差距东中部为3 382元、东西部为4 791元、中西部为1 409元（见图3－3）。东部地区明显高于中西部地区，中西部地区比较接近。由于各区域间农民收入的起点以及资源条件和地理优势不同，加之各区域的农村经济结构也存在较大的差异，三大区域农民收入的增长率也不同。东部地区农民人均纯收入的年均名义增长率最高，为36%；其次为中部地区，农民人均纯收入的年均名义增长率为34%；最低的是西部地区，农民人均纯收入的年均名义增长率为31%。东部地区农民人均纯收入的增长明显快于中西部地区。从相对值来看，1978年东、中、西部地区农民收入之比为1.43:1.11:1，此后不断扩大。2012年东、中、

西部地区农民收入之比为 1. 79∶1. 23∶1。改革开放以来经济的增长并没有缩小区域之间农民收入的差距，反而使得区域之间农民收入的差距在不断扩大。

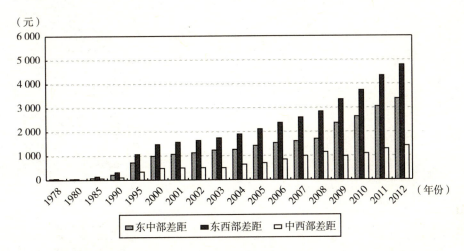

图 3 - 3   1978 ~ 2012 年东、中、西部地区农民收入水平差异变化情况
资料来源：根据 1979 ~ 2013 年《中国农村统计年鉴》数据计算所得。

2. 东、中、西部地区农民收入来源结构差异分析

从收入的来源结构看（见表 3 - 4），1985 年东部地区工资性收入占农民人均纯收入的比重为 25%，家庭经营收入为 69%；2012 年工资性收入的比重为 54%，家庭经营收入的比重为 34%。这说明了 1985 ~ 2012 年东部地区农民收入从以家庭经营性收入为主向以工资性收入为主转变。1985 年中西部地区工资性收入占农民人均纯收入的比重分别为 14% 和 13%，家庭经营收入的比重均为 80%；2012 年中西部地区工资性收入占农民人均纯收入的比重分别增加至 45% 和 35%，家庭经营收入的比重分别下降至 47% 和 51%。这说明 1985 ~ 2012 年中西部地区工资性收入占农民人均纯收入的比重虽有所增加，但依然是以家庭经营收入为主。财产性收入和转移性收入的比重虽略有上升，但各区域变化并不显著。

表 3 - 4　　　　　1978～2012 年东、中、西部地区农民收入来源结构　　　　　单位：%

年份	工资性收入			家庭经营性收入			财产性收入与转移性收入		
	东部	中部	西部	东部	中部	西部	东部	中部	西部
1985	25	14	13	69	80	80	6	6	7
1990	28	15	14	67	83	81	5	3	5
1995	30	16	14	64	79	79	6	6	7
2000	40	27	24	54	69	70	6	4	6
2001	42	27	26	52	68	68	6	4	6
2002	44	29	27	50	67	67	7	4	6
2003	44	31	28	49	65	65	7	4	7
2004	43	29	27	49	66	66	7	5	7
2005	45	31	29	47	63	64	8	6	7
2006	47	34	32	45	60	60	8	6	8
2007	46	34	32	45	59	59	11	7	7
2008	47	34	33	43	57	56	10	9	11
2009	50	40	32	39	53	56	11	7	12
2010	51	41	34	38	51	54	11	8	12
2011	52	43	35	36	49	53	12	8	12
2012	54	45	35	34	47	51	12	8	14

资料来源：根据 1990～2013 年《中国农村住户调查年鉴》的有关数据计算得到。

3. 东、中、西部地区不同收入来源贡献率差异分析

从不同收入来源的贡献率看（见表 3 - 5），1990 年东部地区家庭经营性收入对农民人均纯收入的贡献率比工资性收入的贡献率高出 35 个百分点，而到 2012 年，工资性收入的贡献率比家庭经营性收入的贡献率高出 15 个百分点。这说明近年来工资性收入已经成为东部地区农民收入的主要增长点。中西部地区，从改革开放至今家庭经营性收入的平均贡献率要高于工资性收入的贡献率。中部地区家庭经营性收入的平均贡献率比工资性收入的贡献率高出 3 个百分点；西部地区家庭经营性收入的贡献率比工资性收入的平均贡献率高出 20 个百分点；这说明家庭经营性收入仍是中西部地区农民收入的主要增长点。

表3 – 5　　1978 ~ 2012 年东、中、西部地区农民不同收入来源贡献率　　单位:%

年份	工资性收入			家庭经营性收入			财产性收入与转移性收入		
	东部	中部	西部	东部	中部	西部	东部	中部	西部
1985	– 3	– 23	– 34	102	124	133	– 5	– 1	2
1990	31	17	15	66	87	83	2	0	1
1995	31	16	14	61	75	76	7	7	10
2000	63	50	46	31	49	52	6	1	3
2001	72	45	55	19	46	33	10	8	13
2002	81	64	44	4	31	44	16	5	12
2003	53	58	48	38	33	40	9	10	11
2004	37	19	22	52	73	73	11	8	5
2005	62	51	41	26	34	43	12	1	16
2006	59	57	71	26	33	10	15	10	19
2007	45	37	35	42	49	54	28	14	2
2008	51	35	34	31	48	41	5	17	33
2009	67	134	31	14	– 26	49	18	– 8	21
2010	58	48	44	28	41	47	14	11	9
2011	62	55	38	24	36	46	14	9	17
2012	63	57	40	22	33	39	15	10	21
均值	52	45	34	37	48	54	11	6	12

注: 2009 年中部地区农民人均收入中的家庭经营性收入与 2008 年相比有所降低, 致使 2009 年中部地区家庭经营性收入对农民人均纯收入的贡献率为负值。

资料来源: 根据 1990 ~ 2013 年《中国农村住户调查年鉴》的有关数据计算得到。

　　1985 ~ 2012 年, 东、中、西部地区农民收入来源结构与不同收入来源贡献率的差异性说明, 工资性收入是东部地区农民收入的主要来源, 而中西部地区农民对家庭经营性收入的依赖性较大, 尤其是西部地区。

3.3.3　农户间收入差异分析

1. 低收入组农户的增长要慢于高收入组的增长, 且差距在不断扩大

近年来按五等份划分的不同收入组农户的收入绝对额总体上都呈现出

上升的趋势，但低收入组农户收入的增长要慢于高收入组的增长，且差距在不断扩大（见表3-6）。2000年低收入组的农户人均收入为802元，高收入组的农户人均收入为5 091元，高收入组农户的人均纯收入是低收入组的6.47倍。到2012年，低收入组的农户人均纯收入为2 316元，高收入组农户人均纯收入为19 009元，高收入组农户的人均纯收入是低收入组的8.21倍，且高收入组农户人均纯收入的增加值是低收入组的9.13倍。从平均增长率来看，中低及低收入组农户收入的年平均增长率要低于全国平均水平，中等、中高及高收入组农户收入的年平均增长率要高于全国平均水平。低收入组农户收入年平均增长率比全国平均水平低1.71个百分点，中低收入组农户收入年平均增长率比全国平均水平低0.44个百分点，中等收入组农户收入年平均增长率比全国平均水平高0.03个百分点，中高收入组农户收入年平均增长率比全国平均水平高0.40个百分点，高等收入组农户收入年平均增长率比全国平均水平高0.37个百分点。

表3-6　　　　　　1978~2012年不同收入组农户收入水平及增长率　　　单位：元、%

年份	全国平均水平		低收入户		中低收入户		中等收入户		中高收入户		高收入户	
	收入	增长率	收入	增长率	收入	增长率	收入	增长率	收入	增长率	收入	增长率
2000	2 253	—	802	—	1 440	—	2 004	—	2 767	—	5 190	—
2001	2 366	5.02	818	2.00	1 491	3.54	2 081	3.84	2 891	4.48	5 534	6.63
2002	2 476	4.65	857	4.77	1 548	3.82	2 164	3.99	3 031	4.84	5 903	6.67
2003	2 622	5.90	866	1.05	1 607	3.81	2 273	5.04	3 207	5.81	6 347	7.52
2004	2 936	11.98	1 007	16.28	1 842	14.62	2 578	13.42	3 608	12.50	6 931	9.20
2005	3 255	10.87	1 067	5.96	2 018	9.55	2 851	10.59	4 003	10.95	7 747	11.77
2006	3 587	10.20	1 182	10.78	2 222	10.11	3 149	10.45	4 447	11.09	8 475	9.40
2007	4 140	15.42	1 347	13.96	2 582	16.20	3 659	16.20	5 130	15.36	9 791	15.53
2008	4 761	15.00	1 500	11.36	2 935	13.67	4 203	14.87	5 928	15.56	11 290	15.31
2009	5 153	8.23	1 549	3.30	3 110	5.96	4 502	7.11	6 468	9.11	12 319	9.11
2010	5 919	14.87	1 870	20.72	3 621	16.43	5 222	15.99	7 441	15.04	14 050	14.05
2011	6 977	17.87	2 001	7.01	4 256	17.54	6 208	18.88	8 894	19.53	16 783	19.45
2012	7 917	13.47	2 316	15.74	4 807	12.9	7 041	13.42	10 142	14.03	19 009	13.26

资料来源：根据《中国统计摘要》（1999~2013）有关数据计算得到。

2. 不同收入组农户收入来源结构、增长率及不同收入来源贡献率差异分析

2002~2012 年按纯收入五等份划分的农户收入的来源结构、增长率以及不同收入来源贡献率的变动状况如表 3-7 所示。

表 3-7　　　　　　2002~2012 年不同收入组农户收入结构、
增长率及不同收入来源贡献率　　　　　单位:%

收入组	年份	工资性收入			家庭经营性收入			财产性收入			转移性收入		
		比重	增长率	贡献率	比重	增长率	贡献率	比重	增长率	贡献率	比重	增长率	贡献率
低收入户	2002	26	—	—	70	—	—	1	—	—	3	—	—
	2003	27	3	77	68	-2	-106	2	103	85	3	16	44
	2004	26	14	22	68	16	66	2	11	1	4	52	10
	2005	30	22	95	62	-3	-36	2	35	9	6	46	32
	2006	33	20	56	59	5	31	2	-9	-2	7	27	14
	2007	33	16	37	57	10	42	2	50	6	8	30	14
	2008	35	18	53	52	2	8	2	3	1	11	57	38
	2009	36	6	67	50	-2	-28	2	-16	-10	13	22	71
	2010	36	20	35	50	22	54	2	71	6	11	9	5
	2011	43	27	142	41	-12	-87	3	12	4	13	26	41
	2012	43	15	42	41	14	36	2	6	1	14	25	21
中低收入户	2002	29	—	—	67	—	—	1	—	—	3	—	—
	2003	30	6	49	66	2	41	1	52	13	3	-4	-3
	2004	29	12	25	66	14	64	1	19	2	4	49	9
	2005	33	24	74	61	2	13	2	21	3	4	29	10
	2006	37	21	70	57	3	17	1	1	0	5	32	13
	2007	38	19	43	55	13	45	2	46	4	5	24	7
	2008	37	13	36	54	11	43	2	-4	-1	7	57	22
	2009	39	10	60	52	2	16	2	8	2	8	18	22
	2010	40	19	45	50	14	43	2	48	5	8	15	7
	2011	42	25	57	47	10	30	2	15	2	8	25	11
	2012	43	15	47	46	10	36	2	1	0	9	26	17

续表

收入组	年份	工资性收入			家庭经营性收入			财产性收入			转移性收入		
		比重	增长率	贡献率	比重	增长率	贡献率	比重	增长率	贡献率	比重	增长率	贡献率
中等收入户	2002	33	—	—	63	—	—	1	—	—	3	—	—
	2003	35	11	73	61	2	19	2	40	9	3	−1	−1
	2004	33	7	19	62	16	73	1	11	1	3	33	7
	2005	37	22	69	58	3	18	2	21	3	4	30	9
	2006	39	18	63	55	5	27	2	12	2	4	23	9
	2007	40	18	43	54	14	48	1.8	27	3	5	22	6
	2008	40	16	43	52	10	35	2	24	3	6	61	19
	2009	41	11	60	50	3	23	2	6	2	7	17	16
	2010	43	20	52	48	12	36	2	40	5	7	17	7
	2011	44	22	51	46	14	37	2	18	2	8	28	11
	2012	45	17	55	44	9	32	2	1	0	8	23	13
中高等收入户	2002	36	—	—	59	—	—	1	—	—	3	—	—
	2003	38	11	68	57	2	25	2	35	8	3	−1	0
	2004	36	7	22	59	15	71	2	16	2	3	19	5
	2005	38	18	58	56	5	29	2	28	5	4	27	8
	2006	41	17	60	53	5	28	2	13	2	4	26	9
	2007	42	19	49	51	12	41	2	27	4	5	23	6
	2008	42	16	44	50	12	39	2	15	2	6	50	15
	2009	43	12	58	48	5	25	2	8	2	7	23	15
	2010	44	17	50	47	12	39	2	29	4	7	15	7
	2011	46	24	55	44	14	33	2	14	2	8	29	10
	2012	47	17	57	43	10	31	2	12	2	8	21	11
高等收入户	2002	41	—	—	51	—	—	3	—	—	5	—	—
	2003	41	8	40	51	7	50	4	27	12	5	−3	−2
	2004	40	9	39	51	10	53	4	11	5	4	7	3
	2005	40	1	36	51	12	51	4	12	4	5	24	9
	2006	41	13	55	49	5	28	4	18	8	5	18	9
	2007	40	12	33	50	16	52	5	26	7	6	23	8
	2008	40	15	40	49	13	44	5	18	6	6	30	11
	2009	41	10	46	47	5	26	5	18	9	7	28	19
	2010	42	18	51	46	11	37	5	11	4	7	14	8
	2011	41	18	39	46	21	50	5	13	3	8	21	8
	2012	43	17	52	45	9	32	5	12	4	8	20	11

资料来源：根据《中国农村统计年鉴》（2003～2013）有关数据计算得到。

具体分析如下：

（1）组内变化分析。

低收入组农户工资性收入的比重由26%增加到43%，增加了17个百分点，平均贡献率为63%，平均增长率为16%；家庭经营性收入的比重由70%降低到41%，减少了29个百分点，平均增长率与平均贡献率均最低，分别为5%和－2%。

中低收入组农户工资性收入的比重由29%增加到43%，增加了14个百分点，平均贡献率为51%，平均增长率为16%。家庭经营性收入的比重由67%降低到46%，减少了21个百分点，平均贡献率为34%，平均增长率为8%。

中等收入组农户工资性收入的比重由33%增加到45%，增加了12个百分点，平均贡献率为53%，平均增长率为16%。家庭经营性收入的比重由63%降低到44%，减少了19个百分点，平均贡献率为35%，平均增长率为9%。

中高收入组农户工资性收入的比重由36%增加到47%，增加了11个百分点，平均贡献率为52%，平均增长率为16%。家庭经营性收入的比重由59%降低到43%，减少了16个百分点，平均贡献率为37%，平均增长率为9%。

高等收入组农户工资性收入的比重一直维持在40%～43%之间，平均贡献率为43%，平均增长率为12%。家庭经营性收入的比重由51%降低到45%，降低了6个百分点，平均贡献率为42%，平均增长率为11%。

财产性收入和转移性收入在各组内占农民收入的比重较小，增长率虽较高，但贡献率较低。

（2）组间变化分析。

工资性收入占人均纯收入的比重总体上随着农户人均纯收入的提高而上升，农户人均收入水平越高，工资性收入所占比重就越高。从平均增长率来看，高收入组较低，为12%；其他组相同，为16%。从平均贡献率来看，低收入组的最高，为63%，其他依次为：中等收入组53%；中高收入组52%；中低收入组51%；高收入组43%。

家庭经营性收入占人均纯收入的比重与工资性收入占农户人均纯收入

的比重变化趋势正好相反，随农户人均收入水平的提高而降低。从平均增长率来看，高收入组的最高，为11%，其他依次为：中高收入组9%；中等收入组9%；中低收入组8%；低收入组5%。从平均贡献率来看，高收入组的最高，为42%，其他为：中高收入组37%；中等收入组35%；中低收入组35%；低收入组 –2%。

财产性收入和转移性收入在各组内占农民收入的比重随农户人均收入水平的变化趋势不规律，时高时低。

综上所述，从2002年至2012年，不同收入组农户收入的收入水平、增长率、来源结构以及不同收入来源贡献率的变动差异较大。

第一，从收入水平来看，不同收入组农户的收入绝对额都呈现持续上涨态势，但因低收入组的增速慢于高收入组的增速，使得高、低收入组的差距不断扩大。2000年高收入组农户的人均收入是低收入组的6.47倍，至2012年扩大至8.21倍。

第二，从收入的增长率来看，各组的财产性收入和转移性收入的增长率较大，其次是工资性收入，家庭经营性收入的增长率最低。工资性收入增长率随农户人均纯收入的提高而减小，家庭经营性收入增长率随农户人均纯收入的提高而增加。

第三，从收入的来源结构看，各组农户收入的主要来源均是工资性收入和家庭经营性收入，而且工资性收入所占比重不断上升，家庭经营性收入所占比重不断降低。各组间，工资性收入的比重总体上随着农户人均纯收入的提高而上升，家庭经营性收入占人均纯收入的比重随着农户人均纯收入的提高而下降。

第四，从不同收入来源对农民人均纯收入的贡献来看，工资性收入对各组农民人均纯收入的贡献率最高，其次是家庭经营性收入。财产性收入和转移性收入的贡献率较小。各组间，工资性收入的贡献率随农户人均纯收入的提高而降低，家庭经营性收入的贡献率随农户人均纯收入的提高而增加。

3.4 农民收入增长滞缓的成因分析

上述分析表明，改革开放至今我国农民收入虽然总体水平有所提高，但与城镇居民的收入相比水平较低，且增长滞缓。城乡间、地区间以及农户间收入差距均在不断扩大。这对我国农村经济和社会的和谐发展，乃至整个国民经济和社会的和谐发展都是极为不利。因此，促进农民收入增长已经成为我国农村经济工作的头等大事。要想彻底改变我国农民收入水平低、增长缓慢的现状，就要搞清楚我国农民收入增长滞缓的原因。本书将从农业内部因素与外部因素两个方面加以分析。

3.4.1 农业内部因素

从农业内部看，我国农业面临自然资源匮乏、基础设施薄弱、农村劳动力数量较多、受教育程度较低、农业利润空间不断缩小等诸多不利条件，这些因素阻碍了我国农业的发展和农民收入的增长。

1. 农业自然资源匮乏

我国的农业是一种典型的资源约束型农业。一方面，随着城镇化的不断发展以及沙漠化、盐碱化等环境因素，我国的耕地面积在不断减少。1978年我国的耕地面积为14.91亿亩，1995年耕地面积减少到14.25亿亩，1996年我国的耕地面积为19.51亿亩，这一年耕地面积突增主要是由于在1997年进行的第一次农业普查中耕地面积数据的计量单位和统计口径的变化而造成的，实际面积并没有增加（钱桂霞，2005）。2009年我国耕地面积减少为18.26亿亩。从1996年至2009年我国的耕地面积减少了1.25亿亩，年均减少96.15万亩。虽然随着我国城镇化进程的加快，我国农村人口数量在不断下降，但农民人均耕地面积并没有增加。1996年农民人均耕地面积为2.26亩，2009年仍为2.26亩。按照2009年《中国农村住户统计年鉴》的统计数据，每个农户家庭按平均4口人来算，2009年我国农户户均耕地面积仅为9.04亩。这个水平与发达国家相比差距甚远。例如，日本也是典型的人多地少的国家，但是日本政府从20世纪50年代以来一直致力于农村土地的流转。2004年日本农户家庭户均耕地面积达到23.1亩，农民人均耕地面积达到14.55亩（袁秀智，2009）。而且，粮食单产水平在目前技术水平没有新突破的情况下不可能有较大幅度的提高，所以在较小的土地规模上农民难以致富。

另一方面，在影响粮食生产的诸要素中，水资源的增产效用最为显著。平均每亩水浇地的收益是旱地的 2～4 倍。但我国水资源尤其是淡水资源短缺，耕地的有效灌溉面积只占总面积的 48.7%。而且我国的水资源还具有分布不均、旱涝频繁的特点。面对这些情况，农民要想通过农业增产来增收将受到耕地资源和水资源"瓶颈"的制约。

2. 农业基础设施薄弱

目前我国的农业基础设施较为薄弱，尤其是水利设施老化陈旧的现象较为普遍，致使农业抵御自然灾害的能力较弱，农业生产持续发展得不到有效保障。

2009 年，我国有 51.3% 的耕地缺少基本灌排条件，农业生产靠天吃饭的局面没有得到根本改变。现有的农田水利设施大部分是 20 世纪五六十年代修建的，很多地方的农田水利设施已经老化，损毁现象较为严重，灌不进、排不出的问题十分突出。我国农业基础设施薄弱直接导致农业生产的抗灾能力下降，严重制约了农业综合生产能力的提高。统计数据显示，2009 年我国农业的受灾面积达到 47 214 千公顷，其中水灾受灾面积为 7 613 千公顷，旱灾受灾面积为 29 259 千公顷；农业的成灾面积达到 21 234 千公顷，占受灾面积的 45.0%。

3. 劳动力数量多，且受教育程度偏低

农村劳动力是农村生产力诸要素中最活跃、最重要的因素，其对农民收入的影响体现在数量和质量上。

从数量上看，农业劳动力的数量较多。改革开放至今我国农业劳动力占总劳动力的比重虽有所下降，但基数仍然较大，数量较多。1978 年底我国劳动力总数为 40 152 万人，其中第一产业就业人数为 28 318 万人，占总数的 70.5%，创造的生产总值占国内生产总值的 28.2%。到 2012 年底我国劳动力总数为 76 704 万人，其中第一产业就业人数为 25 733 万人，占总数的 33.6%，但创造的生产总值仅占国内生产总值的 10.1%（见表 3－8）。农业劳动力数量较多导致我国的农业劳动生产率较低。

表 3 – 8　　　　　　1978～2012 年我国国内生产总值及劳动力数变化情况

年份	国内生产总值（亿元）	第一产业生产总值		劳动力总数（人）	第一产业劳动力数	
		绝对值（亿元）	比重（%）		绝对值（亿元）	比重（%）
1978	3 645.2	1 027.5	28.2	40 152	28 318	70.5
1980	4 545.6	1 371.6	30.2	42 361	29 122	68.7
1985	9 016.0	2 564.4	28.4	49 873	31 130	62.4
1990	18 667.8	5 062.0	27.1	64 749	38 914	60.1
1995	60 793.7	12 135.8	19.9	68 065	35 530	52.2
2000	99 214.6	14 944.7	15.1	72 085	36 043	50.0
2005	184 937.4	22 420.0	12.1	74 647	33 442	44.8
2006	216 314.4	24 040.0	11.1	74 978	31 941	42.6
2007	265 810.3	28 627.0	10.8	75 321	30 731	40.8
2008	314 045.4	33 702.0	10.7	75 564	29 923	39.6
2009	340 902.8	35 226.0	10.3	75 828	28 890	38.1
2010	401 512.8	40 533.6	10.1	76 105	27 931	36.7
2011	473 104.0	47 486.2	10.0	76 420	26 594	34.8
2012	518 942.1	52 373.6	10.1	76 704	25 773	33.6

资料来源：《中国统计年鉴》（2013）。

从质量上来看，农村劳动力的受教育程度普遍较低。据统计数据显示，改革开放三十余年，尽管我国农村劳动力受教育程度有了长足的发展，但与发达国家相比差距依然较大。2009 年，我国农村劳动力中，不识字或识字很少的占 5.9%，初中程度的占 24.7%，高中文化程度的占 11.74%，中专程度的占 2.87%，大专及以上文化程度的仅占 2.10%。而荷兰 90% 以上的农民受过中等教育，12% 受过高等农业院校的教育；法国的青年农民中 60% 受过中专教育；德国 7% 的农民受过大学教育；日本 74.8% 的农民受过中等教育（张燕，2007）。由于我国农村劳动力受教育程度普遍较低，缺乏劳动技能，农民较难获得非农就业机会。即使获得就业机会，大多数农民从事的工作也是简单的体力劳动，工资水平非常低。另外，随着我国工业化和城镇化建设的不断推进，农村大量青壮年劳动力外出务工，滞留在农村的劳动力多数是老人和妇女。这些劳动力的文化程度相对较低，且生产手段落后、经营管理粗放、生产与科技相脱节等现象普遍存在，直接影响农民收入的增长和农村经济的发展。

4. 粮食作物利润空间不断缩小

近年来，受国际原油价格的影响，以化肥和柴油为首的农资价格上涨过高、过快，加之近年来物价水平总体提高，加大了粮食的生产成本，致使其利润空间不断缩小。

据《全国农产品成本资料汇编（2013）》的统计数据显示，2004 ~ 2012 年，我国三种粮食（稻谷、小麦和玉米）平均每亩的总成本由 395.45 元上升到 936.42 元，增加了 540.97 元，增长了 1.37 倍；生产成本由 341.38 元上升到 770.23 元，增加了 428.85 元，增长 1.26 倍。而同期，我国三种粮食平均每亩的产量由 404.8 公斤增加至 451.4 公斤，仅增加了 46.6 公斤。三种粮食平均每亩的净利润由 196.50 元降低到 168.40 元，减少了 28.1 元。成本利润率由 49.69% 下降到 17.98%，下降了 31.71%（见表 3 - 9）。另外，随着我国加入 WTO 后，农业竞争不断加剧，农产品价格很难持续上涨。这些因素都将降低农业生产给农民带来的收益，从而影响了农民收入的增加。

表 3 - 9　　　　2004 ~ 2012 年我国三种粮食产量、成本与利润情况

年份	产量（公斤）	总成本（元）	生产成本（元）	净利润（元）	成本利润率（%）
2004	404.8	395.45	341.38	196.50	49.69
2005	393.1	425.02	363.00	122.58	28.84
2006	403.9	444.90	376.65	154.96	34.83
2007	410.8	481.06	399.42	185.18	38.49
2008	436.6	562.42	462.80	186.39	33.14
2009	423.5	600.41	485.79	192.35	32.04
2010	423.5	672.67	539.39	227.17	33.77
2011	442.0	791.16	641.41	250.76	31.70
2012	451.4	936.42	770.23	168.40	17.98

资料来源：《全国农产品成本收益资料汇编》（2013）。

5. 农业投入严重不足

农业是人类生存必需品的生产部门，是人类生存和发展的基础。它不仅为一国的粮食安全提供了保障，还为国民经济其他部门的发展做出了诸如产品、市场和要素的贡献，是国民经济的基础部门。但同时农业也是个弱质性产业，抵御自然风险和市场风险的能力较弱。农业的弱质性极大地制约了农民收入的增长。要发展农业，提高农民收入，就要提高对农业的投资力度。我国农业发展所需要的资金主要来源于国家财政投入和农民个体投入两部分。从目前的情况来看，二者对农业的投入都严重不足。

一是，国家财政支农水平低。国家财政支农项目主要包括农业基础设施建设、农业科技三项、农村救济以及其他各项农村社会事业。国家财政对农业各项事业的投资对农民收入增长都起到非常重要的作用。改革开放以来，国家财政支农的投资总额虽不断上涨，但在国家财政总支出中支农资金所占的比重却呈下降趋势。据国家统计局的统计资料显示，1978 年国家财政支出总额为 150.66 亿元，其中支农支出为 76.95 亿元，占国家财政总支出的 13.43%。到 2012 年，国家财政支出总额为 125 712 亿元，支农支出仅占国家财政总支出的 9.5%。

二是，农民个体的农业投资增长趋缓。农民个体农业投资增长趋缓对农民收入的影响主要体现在农民收入较低，制约着农民对农业再生产的投资上。我国的小农经济决定了农民投资的能力十分有限，主要是当年农业生产费用的支出，如种子、农药、化肥等。近年来，由于农民收入增长速度滞缓，农民对农业收入预期不高，导致农民扩大农业再生产的积极性不高。2000 年我国农户家庭平均每人的支出为 2 652.4 元，其中家庭经营性支出占总支出的比重为 24.7%，购置生产性固定资产支出的比重为 2.4%。至 2012 年，我国农户家庭的总支出为 9 605.5 元，其中家庭经营性支出占总支出的比重为 27.3%，购置生产性固定资产支出的比重为 2.8%。12 年间我国农民家庭平均每人总支出增加了 6 953.1 元，但家庭经营性支出占总支出的比重仅增加了 2.6%，购置生产性固定资产支出的比重仅增加了 0.4%（见表 3－10）。我国农户家庭农业投资增长趋缓，农民的农业生产积极性不高，这既不利于农业的发展，也不利于农民收入的增长。

表 3 - 10　　　　　　　　 2000 ~ 2012 年农民农业投资增长情况

年份	总支出（元）	家庭经营性支出比重（%）	购置生产性固定资产支出比重（%）
2000	2 652.4	24.7	2.4
2005	4 126.9	28.8	3.2
2006	4 485.4	27.7	3.1
2007	5 153.7	27.9	2.9
2008	5 915.7	28.8	2.7
2009	6 333.9	26.7	3.2
2010	6 991.8	27.4	2.8
2011	8 641.6	28.1	3.1
2012	9 605.5	27.3	2.8

资料来源：根据《中国农村住户统计年鉴》（2001 ~ 2013）及《中国统计摘要》（2013）的有关数据计算所得。

3.4.2　农业外部因素

我国农民收入增长滞缓除了受农业内部因素的影响外，还受诸如经济的发展战略、农村非农产业和城镇化发展程度以及市场和制度等农业外部因素的影响。

1. 相关制度存在缺陷，影响农民收入增长

一是，城乡分割的二元体制，影响农民收入增长。城乡分割的"二元"户籍制度以及由此衍生的"二元"就业、社会保障等一系列制度因素造成了农民进城就业难，且无法享受到和城镇居民一样的就业权利，致使城乡居民的收入差距不断扩大。农民进入城市就业，通常承担的最繁重的工作，而且不能被纳入当地的社会保障体系，这使得农民工很难真正成为城镇人口，而只能候鸟式地迁徙。虽然近年来，大多数城市放宽了户籍政策，但是农民工进城务工仍然无法纳入城市的社会保障体系，而且农民工子女在城市的教育费用较高，致使相当一部分农民无法外出打工，严重制约了农民非农收入水平的提高。

二是，土地制度不健全，影响农民收入增长。目前，我国农村土地产权制度不健全，农民的土地收益权受到损害。土地在转为非农用地以后，会产生巨大的级差收益，这个级差收益是土地所有权的收益，其中农民应该得到合理的部分。但是这部分收益农民却没能得到。据有关专家初步计算，1978~2005 年，我国农民在征地方面损失的收益约达 5 万亿元（张秋锦，2008）。此外，在土地流转过程中，地方政府没有充分考虑城镇目前吸纳农村劳动力的能力以及农村社会保障制度的缺失，一味地加强农地流转，希望尽快实现土地的规模化经营，这是不现实的。农民丧失土地以后，进入城市务工，土地的保障作用不再存在，一旦农民失业，将陷入"种田无地、就业无岗、社保无份"的困境，这极不利于农民收入的稳定增长和整个社会的和谐发展。

三是，农村金融制度不健全，影响农民收入增长。目前我国农村金融体系还存在许多问题，致使农村资金需求与供给矛盾非常突出。首先，农户对资金的需求具有季节性、短期性和小额性的特点，这造成了金融机构的高风险和低利润。农业银行等商业性银行是以利润最大化为目标的，他们不愿向农户发放贷款。而政策性金融机构——农业发展银行对农业的支持政策仅限于粮棉油收购资金的流通领域，不能满足 2 亿多农户对农业生产资金的极大需求。致使农户的资金需求大于金融机构的供给，农村出现严重的资金短缺。其次，农村资金大量外流。近年来，农村资金分流现象较为严重。农业银行和农村信用社的贷款中，有相当部分投入到非农产业中去，造成了农村资金在农村的利用率极为低下，制约了农村经济的发展。

四是，农村社会保障制度不健全，影响农民收入增长。社会保障是保障城乡居民基本民生、促进社会和谐发展、实现共享发展成果的保障制度。目前，城镇已基本建立起了城镇职工基本养老保障制度、基本医疗保障制度、失业保障制度以及最低生活保障制度，社会保障体系相对较为完备。而在农村虽然也初步实行了最低生活保障制度、新型农村合作医疗制度以及五保供养制度等农村居民社会保障制度，但与城镇相比，农村的社会保障体系仍不健全，且各项社会保障制度的保障水平都较低。此外，由于目前农村从事农业生产的大多是 60 岁以上的不能外出务工的农民，他们绝大多数没有享受到农村社保，除了家中的几亩耕地外没有其他收入来源，因此，他们不会轻易将手中的土地进行流转。这对农村实行土地规模化经营极为不利。

2. 工业化初期的经济发展战略，牺牲了农业和农民的部分利益

新中国成立初期，我国根据自身的国情和所面临的国际环境制定了优先发展工业的经济发展战略。在这一战略思想的指导下，我国以牺牲农业和农民的利益为代价换取了工业部门的发展。优先发展工业化的战略虽然推动了我国经济的较快发展，同时也造成了我国工业和农业、城市和农村发展的不均衡。

一方面，工业化倾向的发展战略通过工农产品价格"剪刀差"，从农业部门为工业部门的发展吸取了大量的资金。所谓"剪刀差"是指工农业产品在进行交换时，工业品的价格要高于其价值，而农产品的价格要低于其价值，从而在两者之间形成了一个不合理的价格差距。这一价格差距就称为"剪刀差"。通过工农产品的这种不平等交易，大量农业财富被转移到了工业部门，从而为我国工业化进程进行了原始积累。据有关学者统计，1978～1991年期间，我国的工农产品"剪刀差"累计数额高达12 319.5亿元（袁铖，2008）。另一方面，工业化倾向的发展战略通过农业税的形式从农民手里为工业部门的发展吸取了大量的资金。所谓农业税是指国家对从事农业生产的单位和个人所征收的一种税，民间俗称"公粮"。我国是农业大国，农业税是农民负担的主要来源。我国政府于2004年开始实行减征或免征农业税的惠农政策，直至2006年农业税才被全面取消。据估计，税收减免和取消农林特产税使农民少交了约300亿元（李先德，2005）。

近年来，工农产品价格的扭曲虽然有所纠正，农民也从农村制度的改革与创新中得到不少实惠，但农业和农村资源外流的现象仍未能得到有效的阻止和扭转，而且有加大的趋势。

3. 城镇化发展滞后，抑制农村剩余劳动力转移

城镇化是指农村人口城镇化的过程，即农村人口向城镇人口转移的过程，因此，通常用一个国家（或地区）城镇人口占该国家（或地区）总人

口的比重来衡量该国家（或地区）城镇化水平的高低。城镇人口占总人口的比重越大，说明城镇化水平就越高；反之，城镇人口占总人口的比重越低，则城镇化的水平也就越低。

城镇化是世界各国在工业化进程中必然经历的阶段。1978 年我国的城镇化水平很低，仅为 17.92%。2010 年我国的城镇化水平为 49.68%。经过 30 多年的发展，虽然我国的城镇化水平有较大的提高，但与世界的平均水平相比仍然较低，与发达国家的城镇化水平相比差距就更远了。目前，世界城镇化的平均水平已经超过 50%。马来西亚和菲律宾的国民收入水平与我国的国民收入水平差不多，但城镇化水平都达到 60% 以上。日本、韩国的城镇化水平都已经超过了 70%。西方发达国家的城镇化水平更高，英国的城镇化水平已经超过了 80%（蔡继明，2011）。较低的城镇化水平严重制约了我国农村剩余劳动力的转移，同时也抑制了农民非农就业增收的空间。

4. 农民的组织化程度低，影响农民收入增长

农民组织化程度较低已经成为影响我国农民收入增长的重要原因。受经济、政治、法律、文化等诸多因素的影响，我国农民专业合作经济组织发展较慢。目前，全国有农民专业合作社 93 842 个，且地区之间发展不均衡，农户的参与率不高。北京农民专业合作社有 1 547 个，农户参与率达到 34.92%；而青海只有 128 个农民专业合作社，农户的参与率仅为 0.41%（董长海，2009）。农民的这种低组织状态不仅使得分散的农户购买生产资料时的生产费用和销售农产品时的交易费用较高，而且分散的农户由于规模小、实力弱，进入市场时很难占据谈判的主导地位。由于缺乏话语权，农民的利益极易遭受中间商贩的侵蚀。农民的组织化程度低阻碍了农民收入的增长。

5. 农业信息化程度低，影响农民收入增长

我国农业信息化建设虽然具备了一定基础，但目前还存在信息基础设施薄弱、信息量少、信息分散、传输速度慢、信息人才缺乏、信息手段、信息网络体系的建设落后等问题，尤其是对农民提供及时有效的信息服务还没有得到很好的解决。在这种情况下，农民难以准确地了解有关各地区、各行业农产品的供求信息，以指导农业的生产和经营。

3.5 本章小结

本章通过对改革开放30多年来我国农民收入总体情况的分析，得出如下结论：

（1）1978~2012年，我国农民人均纯收入增长经历了高速增长阶段（1978~1984年）、缓慢增长阶段（1985~1988年）、增长停滞阶段（1989~1991年）、增长回升阶段（1992~1996年）、增长持续下降阶段（1997~2000年）和增长恢复阶段（2001~2012年）六个阶段，这期间我国农民人均纯收入总体水平有所提高，但增长速度不稳。

（2）1978~2012年，家庭经营性收入是农民人均纯收入的主要来源，但近年来其比重呈下降趋势，对农民人均纯收入的贡献率也在逐年降低。相反，工资性收入在农民人均纯收入中的比重呈上升趋势，其对农民人均纯收入增长的贡献率不断上升。近几年，工资性收入已成为农民人均纯收入的主要增长点。财产性收入和转移性收入在农民人均纯收入中所占的比重较小，贡献率不高，不是农民人均纯收入的主要来源，只是农民人均纯收入的重要补充。

（3）1978~2012年，城乡之间、地区之间以及不同收入组农户间的收入差距也呈现出扩大的趋势。1978年城乡居民收入比为2.57:1，1983年，缩小到1.82:1，到2009年，扩大到3.33:1，为改革开放30年之最，2012年缩小为3.10:1。2000年高收入组农户的人均收入是低收入组的6.47倍，到2012年高收入组农户的人均收入是低收入组的8.21倍，且高收入组人均增加值是低收入组增加值的9.13倍。1978年，东、中、西部地区农民收入之比为1.43:1.11:1，此后不断扩大，2012年上升为1.79:1.23:1。

在上述分析的基础上，本章从农业内部和农业外部两方面对造成我国农民收入增长滞缓的成因进行分析，得出农业自然资源匮乏、基础设施薄弱、农业利润空间不断缩小以及农业投入严重不足等因素是造成我国农民收入增长滞缓的内部因素。而我国相关制度存在缺陷、工业化初期实施的经济发展战略的工业化倾向、农村非农产业及城镇化发展滞后、农民的组织化程度低以及农业信息化程度低是造成我国农民收入增长滞缓的外部因素和主要原因。

第*4*章

区域间农民收入比较分析

农民收入问题是一个复杂的问题，它在不同的地域间也不尽相同。因此，分区域来研究农民收入问题可以对我国农民收入问题有更加清楚、更加深刻地认识。

我国从地域上看可以划分为东、中、西三大经济区域，由于自身的自然条件、政策等因素的不同，造成东、中、西部地区农民收入存在明显的差距。总体来看，改革开放至今东部地区农民收入增长最快，水平最高。其次为中部地区。西部地区农民收入增长最慢，水平最低。本章通过对东、中、西部地区代表省份农民收入的水平、增长率、来源结构等方面进行比较分析，总结归纳了各代表省份农民收入问题的共性及差异性，为本书针对不同区域提出促进农民增收以及缩小农民收入差异的政策建议提供客观依据。

4.1 区域的选择

目前，我国有两种关于东、中、西三大经济区域的划分标准。一种是按照统计局的划分标准，东部地区包括北京、天津、河北、辽宁、上海、江苏、浙江、福建、山东、广东、广西、海南12个省、自治区、直辖市；中部地区包括山西、内蒙古、吉林、黑龙江、安徽、江西、河南、湖北、湖南9个省、自治区；西部地区包括重庆、四川、贵州、云南、西藏、陕西、甘肃、宁夏、青海、新疆 10 个省、自治区、直辖市。另一种是根据 2000 年 12 月 27 日国务院《关于实施西部大开发若干政策措施的通知》中的地区划分标准：东部包括北京、天津、河北、辽宁、上海、江苏、浙江、福建、山东、广东、海南 11 个省、直辖市；中部包括山西、吉林、黑龙江、安徽、江西、河南、湖北、湖南 8 省；西部包括内蒙古、广西、重庆、四川、贵州、云南、西藏、陕西、甘肃、青海、宁夏、新疆 12 个省、自治区、直辖市。本书的研究根据获得的数据采取第一种划分标准。

4.1.1　方法的选择

本节通过统计学中的距离分析法对改革开放至今各地区农民收入的平均值及各地区包括的具体省份农民收入水平进行统计分析来确定东、中、西部地区的代表省份。距离分析中的相似性测度主要运用皮尔逊相关系数法（Pearson 相关系数），不相似性主要运用欧氏距离（Euclidean Distance）。本书选用皮尔逊相关系数方法。选取的标准是改革开放至今各个地区的具体省份中哪个省份的农民收入水平与该地区农民收入平均值的相似性越强，则那个省份就越具有代表性。

皮尔逊相关系数又称 Pearson 简单相关系数，它描述了两个变量间联系的紧密程度。样本间的简单相关系数一般用 r 来表示，其计算公式为：

$$ r = \frac{\sum_{i=1}^{n}(X_i - \bar{X})(Y_i - \bar{Y})}{\sqrt{\sum_{i=1}^{n}(X_i - \bar{X})^2 \sum_{i=1}^{n}(Y_i - \bar{Y})^2}} $$

其中，n 为样本量，X、Y 分别为两个变量的观测值，$\bar{X}$、$\bar{Y}$ 分别为两个变量的均值。r 描述的是两个变量间相关强弱的程度。r 的取值在 -1 与 $+1$ 之间，若 $r=0$，表明 X 和 Y 两个变量无关；若 $r>0$，表明两个变量是正相关；若 $r<0$，表明两个变量是负相关。r 的绝对值越大表明相关性越强。

4.1.2　数据来源

本节数据主要来源于官方发布的历年《中国统计年鉴》、《中国农村统计年鉴》以及各省、市、自治区的统计年鉴。其中，由于从官方统计年鉴上数据的不可得性，海南缺少 1978 年、1979 年和 1982 年的数据。因此，东部地区农民收入的分析从 1983 年开始。重庆市 1997 年之前归属于四川省，而 1997 年被列为直辖市，不包括在四川省内，因此，1997 年之前的四川省农民人均纯收入与 1997 年之后的四川省农民人均纯收入在覆盖区域上存在客观的差别。但是由于统计资料有限，难以将 1978～1996 年间四川省与重庆市农民人均纯收入的数据分开。因此，本书研究的四川农民人均纯收入在 1997 年之前是包括重庆市在内的农民人均纯收入，而之后的四川省农民人均纯收入不包括重庆市在内。此外，因重庆市有关农民人均纯收入的统计数据从 1997 年开始，并不能很好地反映西部地区自改革开放以来的变化情况，因此，西部地区农民收入的分析中不包括重庆市。又因广西缺少 1979 年的数据，西藏缺少 1978～1984 年的数据，因而西部地区农民收入的分析从 1985 年开始。中部地区农民收入的数据比较完整，分析从 1978 年开始。因数据只涉及农民收入，单位都是"元"，因此没有进行标准化处理。农民收入按当年价格计算。

4.1.3 结果分析

利用 SPSS 软件对上述数据进行距离分析，得出结果如表 4 - 1、表 4 - 2 和表 4 - 3 所示。表中相似性分析的结果是皮尔逊（Pearson）相关矩阵，相关系数越大，相似性越强，越具有代表性。东部 12 省中江苏省 31 年改革开放以来农民收入的情况与东部地区农民平均收入的情况最为相似，相关系数最大，达到了 1.0。其次是天津、上海、浙江、福建、山东和海南，相关系数达到了 0.999。同理，中部 9 省中江西省 31 年来农民收入的情况与中部地区农民平均收入的情况最为相似，相关系数最大，达到了 1.0。其次是河南、吉林、安徽、湖北和湖南，相关系数达到了 0.999。西部 9 省中四川、云南和陕西三省 31 年来农民收入的情况与西部地区农民平均收入的情况最为相似，相关系数最大，达到了 0.999。其次是宁夏和新疆。

四川省是我国的粮食主产区，也是我国西部地区唯一的粮食主产区，对其农民收入的研究更具有意义。因此，选取四川省作为西部地区的代表省份。考虑到河南省是全国第一产粮大省，也是全国最大的小麦主产省，对未来新增1 000亿斤粮食有着重要的作用，因此，在中部地区代表省份的选择上没有选取与中部地区相似性最高的江西省，而选取了次相似的河南省。江苏省农民收入与东部地区农民收入相似性最高，同时又是我国东部地区4个粮食主产区之一，因此，将江苏省作为东部地区的代表省份。

表4—1　　　东部12省农民收入与东部地区农民收入均值的皮尔逊相关矩阵

	北京	天津	河北	辽宁	上海	江苏	浙江	福建	山东	广东	广西	海南	东部均值
北京	1.000	0.998	0.990	0.996	0.993	0.994	0.997	0.991	0.997	0.977	0.984	0.995	0.996
天津	0.998	1.000	0.996	0.997	0.997	0.998	0.999	0.997	0.999	0.987	0.990	0.998	0.999
河北	0.990	0.996	1.000	0.993	0.996	0.999	0.996	0.999	0.997	0.994	0.995	0.996	0.998
辽宁	0.996	0.997	0.993	1.000	0.996	0.996	0.996	0.994	0.998	0.985	0.993	0.997	0.998
上海	0.993	0.997	0.996	0.996	1.000	0.998	0.997	0.997	0.997	0.994	0.996	0.998	0.999
江苏	0.994	0.998	0.999	0.996	0.998	1.000	0.999	0.999	0.999	0.993	0.995	0.998	1.000
浙江	0.997	0.999	0.996	0.996	0.997	0.999	1.000	0.997	0.999	0.988	0.990	0.998	0.999
福建	0.991	0.997	0.999	0.994	0.997	0.999	0.997	1.000	0.997	0.995	0.995	0.998	0.999
山东	0.997	0.999	0.997	0.998	0.997	0.999	0.999	0.997	1.000	0.988	0.992	0.998	0.999
广东	0.977	0.987	0.994	0.985	0.994	0.993	0.988	0.995	0.988	1.000	0.997	0.992	0.992
广西	0.984	0.990	0.995	0.993	0.996	0.995	0.990	0.995	0.992	0.997	1.000	0.995	0.995
海南	0.995	0.998	0.996	0.997	0.998	0.998	0.998	0.998	0.998	0.992	0.995	1.000	0.999
东部均值	0.996	0.999	0.998	0.998	0.999	1.000	0.999	0.999	0.999	0.992	0.995	0.999	1.000

表4—2　　　中部9省农民收入与中部地区农民收入均值的皮尔逊相关矩阵

	山西	内蒙古	吉林	黑龙江	安徽	江西	河南	湖北	湖南	西部均值
山西	1.000	0.997	0.996	0.995	0.997	0.997	0.998	0.998	0.998	0.998
内蒙古	0.997	1.000	0.997	0.994	0.998	0.998	0.999	0.996	0.997	0.998
吉林	0.996	0.997	1.000	0.998	0.997	0.998	0.996	0.997	0.997	0.998
黑龙江	0.995	0.994	0.998	1.000	0.997	0.999	0.995	0.997	0.997	0.998
安徽	0.997	0.998	0.997	0.997	1.000	0.999	0.999	0.999	0.999	0.999
江西	0.997	0.998	0.998	0.999	0.999	1.000	0.998	0.999	0.999	1.000
河南	0.998	0.999	0.996	0.995	0.999	0.998	1.000	0.998	0.998	0.999
湖北	0.998	0.996	0.997	0.997	0.999	0.999	0.998	1.000	1.000	0.999
湖南	0.998	0.997	0.997	0.997	0.999	0.999	0.998	1.000	1.000	0.999
西部均值	0.998	0.998	0.999	0.998	0.999	1.000	0.999	0.999	0.999	1.000

表4-3　　西部9省农民收入与西部地区农民收入均值的皮尔逊相关矩阵

	四川	贵州	云南	西藏	陕西	甘肃	青海	宁夏	新疆	西部均值
四川	1.000	0.996	0.999	0.986	0.999	0.997	0.978	0.999	0.997	0.999
贵州	0.996	1.000	0.997	0.983	0.996	0.994	0.971	0.995	0.991	0.996
云南	0.999	0.997	1.000	0.989	1.000	0.995	0.974	0.998	0.997	0.999
西藏	0.986	0.983	0.989	1.000	0.989	0.976	0.973	0.983	0.990	0.990
陕西	0.999	0.996	1.000	0.989	1.000	0.994	0.973	0.998	0.997	0.999
甘肃	0.997	0.994	0.995	0.976	0.994	1.000	0.979	0.997	0.993	0.996
青海	0.978	0.971	0.974	0.973	0.973	0.979	1.000	0.975	0.983	0.983
宁夏	0.999	0.995	0.998	0.983	0.998	0.997	0.975	1.000	0.996	0.998
新疆	0.997	0.991	0.997	0.990	0.997	0.993	0.983	0.996	1.000	0.998
西部均值	0.999	0.996	0.999	0.990	0.999	0.996	0.983	0.998	0.998	1.000

4.2　苏、豫、川三省农民收入分析

4.2.1　江苏省农民收入分析

江苏省位于我国的东部沿海地区，地处长三角。东临黄海，西接安徽，南邻浙江，北毗山东。地形以平原为主，河湖众多，水网密布，土壤肥沃。全省土地总面积10.26万平方公里，占全国土地总面积的1.06%。土地总面积中平原占69%，低山丘陵占14%，水面占17%。江苏省属于季风气候区，四季分明，降水充沛，光热充裕。正常年份全省降水量为780～1 170毫米，日照时数平均为2 000～2 600小时，生长季日数达300天以上，无霜冻日数210天以上，农业生产条件较好，土地垦殖指数较高。粮食作物主要有水稻、小麦、玉米、甘薯和大豆等；经济作物主要有棉花、油菜、花生和芝麻等。

江苏省是我国经济比较发达的沿海省份之一。全省有13个省辖市，52个县（市），其中27个县级市，25个县。2012年末，全省第一产业总产值3 418.29亿元，占国民经济总产值的6.3%，农民人均纯收入12 202元，位居全国第5位。

1. 江苏省农民收入水平及增长性分析

（1）从纵向来看，江苏省农民收入增长呈现明显的阶段性。

与全国农民收入的增长较为相似，自改革开放以来，江苏省农村经济得到了较好的发展，农民收入在波动中不断提高。根据江苏省农民收入增长率的变化，江苏省农民收入增长大致可以分为以下六个阶段（如表 4 - 4 所示）。

表 4 - 4 　　　　　　 1978 ~ 2012 年江苏省农民收入增长阶段划分

阶段划分	时间	特点
第一阶段	1978 ~ 1984 年	超常规增长阶段
第二阶段	1985 ~ 1988 年	相对低速增长阶段
第三阶段	1989 ~ 1991 年	增长下降阶段
第四阶段	1992 ~ 1996 年	快速回升阶段
第五阶段	1997 ~ 2003 年	徘徊增长阶段
第六阶段	2004 ~ 2012 年	增长恢复阶段

资料来源：历年《江苏省统计年鉴》。

第一阶段（1978 ~ 1984 年），农民收入超常规增长阶段。

该阶段江苏省农民收入从 152 元增加到了 448 元，6 年间增加了 293 元，增长了 1.9 倍，年均增长率为 20%，大多数农民过上了温饱生活。

第二阶段（1985 ~ 1988 年），农民收入相对低速增长阶段。

该阶段农民收入虽然进一步增长，但增速明显低于前一阶段，农民人均纯收入由 1985 年的 493 元增长到 1988 年的 797 元，年均增长率 15.68%。

第三阶段（1989 ~ 1991 年），农民收入增长下降阶段。

该阶段农民人均纯收入由 876 元增加到 921 元。其中，1989 年农民人均纯收入比上年增长 9.9%，1990 年比上年增长 9.5%，1991 年由于特大洪涝灾害给江苏农村经济和农业生产带来了严重的影响，造成农民人均纯收入比上年下降了 4%。

第四阶段（1992 ~ 1996 年），农民收入快速回升阶段。

该阶段农民人均纯收入由 1992 年的 1 061 元增加到 1996 年的 3 029

元。5年间江苏省农民人均纯收入连上三个千元台阶，年均增长率达到了27%，扣除物价因素后年均增长率也达到了21%。

第五阶段（1997～2003年），农民收入徘徊增长阶段。

该阶段农民人均纯收入由1997年的3270元增加到2003年的4239元。1997年农民人均纯收入的增长率由1996年的23.3%突降到7.9%，随后处于徘徊期，2003年增长率也仅为6.5%。

第六阶段（2004～2012年），农民收入增长恢复阶段。

该阶段农民人均纯收入由2004年的4754元增加到2012年的12202元，9年间农民人均纯收入增加了4198元，年均增长率为12.5%。其中，除2009年外其他8年中农民人均纯收入保持两位数增长。

（2）从横向来看，江苏省农民收入水平及增长率要高于全国平均水平。

改革开放以来，江苏省农民人均纯收入一直高于全国的平均水平，且呈现出持续增长的态势。1978年江苏省农民人均纯收入为152.1元，高出全国平均水平18.5元。2012年江苏省农民人均纯收入为12202元，比全国平均水平7917元高出4285元（见图4-1）。

图4-1　1978～2012年江苏省农民收入水平与全国平均水平的比较
资料来源：历年《中国农村统计年鉴》、《江苏省统计年鉴》。

江苏省农民人均收入增长率的变化趋势与全国农民人均纯收入增长率的变化趋势大致相同，1994年江苏省农民人均收入的增长率达到了改革开放以来的峰值，为44.6%，同年全国农民人均收入的增长率也达到了改革开放以来的最高水平，为32.5%。大多数年份江苏省农民人均纯收入的增长率略高于全国农民人均纯收入的增长率（见图4-2）。

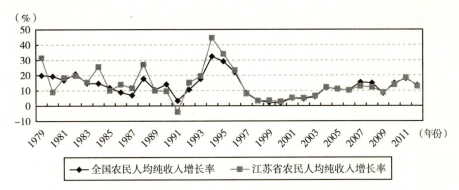

图 4 - 2　江苏省农民收入增长情况与全国平均水平的比较

资料来源：历年《中国农村统计年鉴》、《江苏省统计年鉴》。

2. 江苏省农民收入来源结构分析

（1）工资性收入的比重不断上升，成为农民收入增长的支柱。

随着产业结构的不断优化，农村劳动力不断向第二、第三产业转移，农民工资性收入不断增加。1995 年江苏省农民工资性收入为 822 元，占农民人均纯收入的 33.4%。到 2012 年工资性收入为 6 474 元，比 1995 年增加了 5 652 元，增长了 7.88 倍。工资性收入占农民人均纯收入的比重上升至 53%，比 1995 年上升了 19.6 个百分点，成为农民收入增长的支柱（见表 4 - 5）。

表 4 - 5　　　　　　　　历年江苏省农民收入来源结构情况

| 年份 | 农民人均纯收入（元） | 1. 工资性收入 | | 2. 家庭经营性收入 | | 其　中 | | | | 3. 财产及转移性收入 | |
| | | | | | | 第一产业收入 | | 第二、三产业收入 | | | |
		绝对值（元）	比重（%）	绝对值（元）	比重（%）	绝对值（元）	比重（%）	绝对值（元）	比重（%）	绝对值（元）	比重（%）
1995	2 457	822	33.46	1 544	62.84	1 310	84.84	234	15.16	91	3.70
2000	3 595	1 663	46.26	1 771	49.26	1 245	70.30	526	29.70	161	4.48
2005	5 276	2 786	52.81	2 125	40.28	1 378	64.85	747	35.15	365	6.92
2007	6 561	3 476	52.98	2 552	38.90	1 560	61.13	992	38.87	533	8.12
2008	7 357	3 866	52.55	2 812	38.22	1 710	60.81	1 102	39.19	649	8.82
2009	8 004	4 239	53.00	2 939	36.72	1 720	58.52	1 219	41.48	826	10.32
2010	9 118	4 896	53.70	3 215	35.26	1 845	57.39	1 370	42.61	1 007	11.04
2011	10 805	5 747	53.19	3 718	34.41	2 157	58.02	1 561	41.98	1 340	12.40
2012	12 202	6 474	53.06	4 184	34.29	2 372	56.69	1 812	43.31	1 544	12.65

资料来源：根据历年《江苏省统计年鉴》的有关数据计算得到。

（2）家庭经营性收入依然是农民收入的主要来源，但其比重不断降低。

1995 年江苏省农民收入中家庭经营性收入为 1 544 元，占江苏省农民收入的比重为 62.8%；到 2012 年家庭经营性收入增长为 4 184 元，比 1995 年增加了 2 640 元，增长了 2.71 倍。家庭经营性收入所占的比重下降至 34.29%，比 1995 年降低了 28.56 个百分点。

此外，从表 4-5 还可以看出，江苏省农民家庭经营性收入中第一产业收入的比重不断降低。从 1995 年的 84.84% 降至 2012 年的 56.69%。与此同时，江苏省农民家庭经营性收入中第二、三产业收入的比重不断上升。从 1995 年的 15.16% 上升为 2012 年的 43.31%。这表明江苏省农民家庭经营性收入以依靠农业收入为主逐渐转向农业与非农产业多元化发展。

（3）财产性收入和转移性收入所占比重逐年增加，成为农民收入的重要补充。

1995 年江苏省农民财产性收入和转移性收入为 91 元，占农民人均纯收入的比重为 3.70%，之后农民财产性收入和转移性收入逐年增加，至 2012 年农民财产性收入和转移性收入为 1 544 元，比 1995 年增加了 1 453 元，增长了 16.97 倍。农民财产性收入和转移性收入占农民人均纯收入的比重上升至 12.65%，比 1995 年上升了 8.95 个百分点。但农民财产性收入和转移性收入占纯收入的比重大多数年份没超过 10%，不是农民收入的主要来源部分，只是人均纯收入的重要补充（见表 4-5）。

3. 江苏省农民收入差异分析

（1）江苏省城乡居民收入差距不断扩大。

改革开放至今，江苏省城乡居民收入都大幅度增长，但城镇居民收入的增长要高于农民收入的增长，城乡居民收入差距不断扩大（见表 4-6）。

从收入的总量及增长率来看，2012 年，江苏省城镇居民的可支配收入为 29 677 元，比 1978 年的 288 元增加了 29 389 元，增长了 103.15 倍，年均增长 14.40%，江苏省农民人均纯收入 2012 年为 12 202 元，比 1978 年的 152 元增加了 12 050 元，增加了 80.28 倍，年均增长 13.76%。

从城乡居民收入比来看，2012 年江苏省城乡居民收入比为 2.43∶1，比 1978 年的 1.89∶1 扩大了 0.54 倍。而且从表 4-6 可以看出，从 1996 年开始江苏省城乡居民收入差距在不断扩大。至 2009 年，城乡居民收入差距达到最大，为 2.57∶1。2010 年以后，这一差距又逐渐由 2.52∶1 缩小到 2.43∶1。

表 4 - 6　　　　　　　1978 ~ 2012 年江苏省城乡居民收入差异情况

年份	城镇居民可支配收入(元)	农民人均纯收入(元)	城镇居民可支配收入的增幅(%)	农民人均纯收入的增幅(%)	江苏省城乡居民收入比
1978	288	152	—	—	1.89∶1
1980	433	218	50.35	43.42	1.99∶1
1985	766	493	76.91	126.15	1.55∶1
1990	1 464	884	91.12	79.31	1.66∶1
1995	4 647	2 457	217.44	177.93	1.89∶1
1996	5 186	3 029	11.59	23.30	1.71∶1
1997	5 765	3 270	11.17	7.93	1.76∶1
1998	6 018	3 377	4.38	3.28	1.78∶1
1999	6 538	3 495	8.65	3.51	1.87∶1
2000	6 800	3 595	4.01	2.86	1.89∶1
2001	7 375	3 785	8.45	5.27	1.95∶1
2002	8 178	3 980	10.88	5.15	2.05∶1
2003	9 262	4 239	13.27	6.52	2.18∶1
2004	10 482	4 754	13.17	12.14	2.20∶1
2005	12 319	5 276	17.52	10.99	2.33∶1
2006	14 084	5 813	14.33	10.18	2.42∶1
2007	16 378	6 561	16.29	12.86	2.50∶1
2008	18 680	7 356	14.05	12.12	2.54∶1
2009	20 552	8 004	10.02	8.80	2.57∶1
2010	22 944	9 118	11.64	13.92	2.52∶1
2011	26 341	10 805	14.81	18.50	2.44∶1
2012	29 677	12 202	12.66	12.93	2.43∶1

资料来源：根据历年《江苏省统计年鉴》的有关数据计算得到。

（2）江苏省农户间收入差异进一步扩大。

由于农户之间家庭负担、物质及资金积累能力、劳动力数量及其受教育水平等因素的差异，导致农户收入水平在普遍提高的基础上差距进一步扩大（见表 4 - 7）。

表 4 - 7　　　　　　　　2005 ~ 2012 年江苏省不同收入组间农户收入差异情况

年份	低收入户	中低收入户	中等收入户	中高收入户	高收入户	高、低收入组农户收入比
2005	2 314	3 649	4 773	6 261	10 551	4. 56∶1
2006	2 235	3 740	5 122	7 059	12 444	5. 57∶1
2007	2 827	4 603	6 001	7 671	13 187	4. 67∶1
2008	2 819	4 780	6 637	8 987	16 183	5. 74∶1
2009	2 815	5 016	6 953	9 576	17 990	6. 39∶1
2010	2 994	5 684	8 028	11 072	19 977	6. 67∶1
2011	3 455	6 545	9 453	13 484	24 148	6. 99∶1
2012	3 860	7 293	10 680	15 291	27 072	7. 01∶1

资料来源：根据历年《江苏省统计年鉴》的有关数据计算得到。

从收入的总量及增长率来看，高收入户收入增长的数量和速度均是最快的。2012 年高收入户的收入为 27 072 元，比 2005 年的 10 551 元增加了 16 521 元，年均增长 2 360. 14 元；其次是中高收入户，2012 年中高收入户的收入为 15 291 元，比 2005 年的 6 261 元增加了 9 030 元，年均增长 1 290 元；第三位是中等收入户，2012 年中等收入户的收入为 10 680 元，比 2005 年的 4 773 元增加了 5 907 元，年均增长 843. 86 元；第四位是中低收入户，2012 年中低收入户的收入为 7 293 元，比 2005 年的 3 649 元增加了 3 644 元，年均增长 520. 57 元；低收入户收入增长最慢，2012 年低收入户的收入为 3 860 元，比 2005 年的 2 314 元增加了 1 546 元，年均增长 220. 86 元。2005 ~ 2012 年，高收入户收入的增加额是中高收入户增加额的 1. 83 倍，中等收入户增加额的 2. 80 倍，中低收入户增加额的 4. 53 倍，低收入户增加额的 10. 69 倍。

从高收入户与低收入户的收入比来看，2005 ~ 2012 年，高收入户与低收入户的收入比先扩大后缩小进而又扩大。2012 年二者的收入比为 7. 01∶1，比 2005 年的 4. 56∶1 扩大了 2. 45 倍。

4.2.2　河南省农民收入分析

河南省位于我国的中部地区，地处黄河中下游。东邻安徽、山东，西接山西、陕西，南邻湖北，北毗河北。河南地势西高东低，地貌类型复杂多样。全省土地总面积 16.7 万平方公里，占全国土地总面积的 1.72%。土地总面积中平原占 55.7%，丘陵占 17.7%，山地占 26.6%。河南省处于温带与亚热带过渡地带，气候属于湿润与半湿润的大陆性季风型，全年四季分明，雨热同期，日照充足。正常年份全省降水量为 400～1 100 毫米，日照时数累计为 1 800～2 500 小时，生长年平均无霜期从北向南为 180～240 天。河南省农业生产条件较好，可满足农作物一年两熟或两年三熟的要求，土地垦殖指数较高。粮食作物主要有小麦、玉米、水稻、大豆和红薯等；经济作物主要有棉花、花生、芝麻和油菜等。

河南省是农业大省，是我国粮、棉、油等农副产品的重要生产基地。全省有 17 个省辖市，21 个县级市，88 个县。2012 年末全省第一产业总产值 3 769.54 亿元，占国民经济生产总产值的 12.7%，农民人均纯收入 7 524.94 元，位居全国第 17 位。

1. 河南省农民收入水平及增长性分析

（1）纵向看，河南省农民收入呈现明显的阶段性增长。

改革开放以来，河南省农村经济进入了一个全新的发展时期，全省农业生产得到了较好的发展，农民收入在波动中也得到了明显的提高。与全国农民人均纯收入的增长较为相似，大致可以分为五个阶段（见表 4 - 8）。

表 4 - 8   1978～2012 年河南省农民收入增长阶段划分

阶段划分	时间	特点
第一阶段	1978～1984 年	快速增长阶段
第二阶段	1985～1992 年	低速增长阶段
第三阶段	1993～1996 年	迅速增长阶段
第四阶段	1997～2000 年	增长趋缓阶段
第五阶段	2001～2012 年	增长恢复阶段

资料来源：历年《河南省统计年鉴》。

第一阶段（1978～1984 年），农民收入快速增长阶段。

该阶段河南省农民收入从 104.71 元增加到了 301.17 元，6 年间增加了 196.46 元，增长了 2.88 倍，年均增长率为 19.8%，农民收入得到大幅度提高。

第二阶段（1985～1992年），农民收入相对低速增长阶段。

该阶段河南省农民收入由1985年的328.78元增长到1992年的588.48元，年均增长率8.84%。虽然农民收入进一步增长，但增速明显低于前一阶段。

第三阶段（1993～1996年），农民收入迅速增长阶段。

该阶段河南省农民人均纯收入由695.85元增加到1 579.19元，收入绝对增长883.34元，增长2.27倍，年均增长28.15%，超过第一阶段的增长速度。1995年农民人均纯收入增幅达到35.41%，是近30年的最高水平。

第四阶段（1997～2000年），农民收入增长趋缓阶段。

该阶段河南省农民人均纯收入由1997年的1 733.89元增加到2003年的2 235.68元，收入绝对增长501.79元，增长1.29倍，年均增长5.94%。

第五阶段（2001～2012年），农民收入增长恢复阶段。

该阶段河南省农民人均纯收入由2001年的2 097.89元增加到2012年的7 524.94元。收入绝对增长5 427.05元，年均增长11.87%。其中，2003年由于"非典"疫情以及自然灾害等原因河南省农民收入达到低谷，增长率仅为0.9%。之后从2004年开始进入增长恢复时期，除2009年外其他8年农民人均纯收入保持两位数增长。

（2）从横向来看，河南省农民收入水平略低于全国平均水平，增长率略高于全国平均水平。

改革开放30余年来，河南省农民人均纯收入呈现出持续增长的态势，但其水平略低于全国农民收入的平均水平。1978年河南省农民人均纯收入为104.71元，较全国平均水平低28.89元。2012年河南省农民人均纯收入提高到7 524.94元，比1978年提高了71.86倍，但较全国平均水平低392.06元（见图4-3）。

河南省农民人均收入增长率的变化趋势与全国农民人均纯收入增长率的变化趋势大致相同，1995年河南省农民人均收入的增长率达到了改革开放以来的峰值，为35.41%，同年全国农民人均收入的增长率也达到了29.2%，仅次于1994年的最高水平32.5%。大多数年份河南省农民人均收入的增长率略高于全国农民人均收入的增长率（见图4-4）。

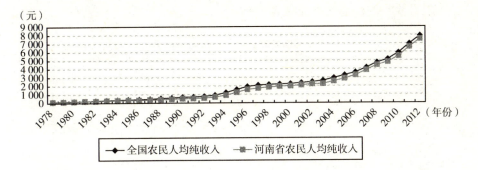

图 4 – 3   1978 ~ 2012 年河南省农民收入水平与全国平均水平的比较
资料来源: 历年《中国农村统计年鉴》、《河南省统计年鉴》。

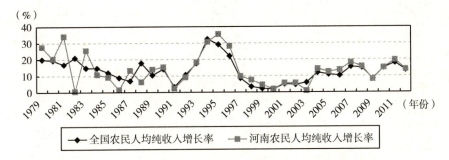

图 4 – 4   1978 ~ 2012 年河南省农民收入增长情况与全国平均水平的比较
资料来源: 历年《中国农村统计年鉴》、《河南省统计年鉴》。

2. 河南省农民收入来源结构分析

（1）家庭经营性收入是农民收入的支柱，但其比重在不断下降。

河南省农民收入以家庭经营性收入为主，其中主要以农业收入为主。
1995 年河南省农民家庭经营性收入为 1 004 元，占农民人均纯收入的比重
为 81.49%。2000 年河南省农民家庭经营性收入为 1 427 元，其占农民人
均纯收入的比重下降为 71.85%。其中农业收入占家庭经营性收入的比重
为 80.73%。到 2012 年家庭经营性收入为 3 973 元，占农民人均纯收入的
比重下降至 52.80%，比 1995 年降低了 28.69 个百分点。其中农业收入占
家庭经营性收入的比重为 78.08%。虽然河南省家庭经营性收入占农民纯
收入的比重有所下降，但仍保持在 50% 以上，且农业收入占家庭经营性收
入的比重保持在 70% 以上。这表明以农业收入为主的家庭经营性收入是河

南省农民收入的稳定支撑（见表4－9）。

表4－9　　　　　历年河南省农民收入来源结构情况

| 年份 | 农民人均纯收入（元） | 1. 工资性收入 | | 2. 家庭经营性收入 | | 其　中 | | | | 3. 财产及转移性收入 | |
| | | | | | | 第一产业收入 | | 第二、三产业收入 | | | |
		绝对值（元）	比重（%）	绝对值（元）	比重（%）	绝对值（元）	比重（%）	绝对值（元）	比重（%）	绝对值（元）	比重（%）
1995	1 232	164	13.31	1 004	81.49	—	—	—	—	64	5.19
2000	1 986	474	23.87	1 427	71.85	1 152	80.73	275	19.27	85	4.28
2005	2 871	854	29.75	1 914	66.67	1 611	84.17	303	15.83	103	3.59
2007	3 852	1 268	32.92	2 398	62.25	2 008	83.74	390	16.26	186	4.83
2008	4 454	1 500	33.68	2 699	60.60	2 262	83.81	437	16.19	255	5.73
2009	4 807	1 622	33.74	2 891	60.14	2 380	82.32	511	17.68	294	6.12
2010	5 524	1 944	35.19	3 240	58.65	2 658	82.04	582	21.90	340	6.15
2011	6 604	2 524	38.22	3 601	54.53	2 890	80.26	711	24.60	479	7.25
2012	7 525	2 989	39.72	3 973	52.80	3 102	78.08	871	28.08	563	7.48

资料来源：根据历年《河南省统计年鉴》的有关数据计算得到。

（2）工资性收入的比重不断上升，对农民收入增长的贡献不断扩大。

随着农村经济体制改革的深化，农村第二、第三产业迅速崛起，越来越多的农业劳动力向第二、第三产业转移，农民收入渠道拓宽，工资性收入不断增加。1995年农民工资性收入为164元，占农民人均纯收入的13.31%。到2012年工资性收入为2 989元，比1995年增加了2 825元，增长了18.23倍。工资性收入占农民人均纯收入的比重上升至39.72%，比1995年上升了26.41个百分点，对农民收入增长的贡献不断扩大（见表4－9）。

（3）财产性收入和转移性收入所占比重波动增长，是农民收入的重要补充。

1995年河南省农民财产性收入和转移性收入为64元，占农民人均纯收入的比重为5.19%，之后农民财产性收入和转移性收入不断增加。2005年河南省农民财产性收入和转移性收入为103元，占农民人均纯收入的比重为3.95%。绝对值比1995年增加了39元，比重比1995年减少了1.24%。2012年河南省农民财产性收入和转移性收入为563元，比1995年增加了499元，增长了8.80倍。财产性收入和转移性收入占农民人均纯收入的比重上升至 7.48%，比 1995 年上升了 2.29 个百分点。但农民财产性收入和转移性收入占纯收入的比重较小，不是农民收入的主要来源，只是农民人均纯收入的重要补充（见表 4 - 9）。

3. 河南省农民收入差异分析

（1）河南省城乡居民收入差距较大。

改革开放至今，河南省城乡居民收入都大幅度增长，城乡居民收入差距虽有所缩小，但差距依然较大（见表 4 - 10）。

表 4 - 10　　　　　　　1978～2012 年河南省城乡居民收入差异情况

年份	城镇居民可支配收入(元)	农民人均纯收入(元)	城镇居民可支配收入增幅(%)	农民人均纯收入增幅(%)	河南城乡居民收入比
1978	315	105	—	—	3.01:1
1980	414	161	31.43	53.33	2.57:1
1985	654	329	57.97	104.35	1.99:1
1990	1 268	527	93.88	60.18	2.41:1
1995	3 299	1 232	160.17	133.78	2.68:1
1996	3 755	1 579	13.82	28.17	2.38:1
1997	4 094	1 734	9.03	9.82	2.36:1
1998	4 219	1 864	3.05	7.50	2.26:1
1999	4 532	1 948	7.42	4.51	2.33:1
2000	4 766	1 986	5.16	1.95	2.40:1
2001	5 267	2 098	10.51	5.64	2.51:1
2002	6 245	2 216	18.57	5.62	2.82:1
2003	6 926	2 236	10.90	0.90	3.10:1
2004	7 705	2 553	11.25	14.18	3.02:1
2005	8 668	2 871	12.50	12.46	3.02:1
2006	9 810	3 261	13.17	13.58	3.01:1
2007	11 477	3 852	16.99	18.12	2.98:1
2008	13 231	4 454	15.28	15.63	2.97:1
2009	14 372	4 807	8.62	7.93	2.99:1
2010	15 930	5 524	10.84	14.92	2.88:1
2011	18 194	6 604	14.21	19.55	2.75:1
2012	20 442	7 525	12.36	13.95	2.72:1

资料来源：根据历年《河南省统计年鉴》的有关数据计算得到。

从收入的总量及增长率来看，2012 年，城镇居民的可支配收入为 20 442 元，比 1978 年的 315 元增加了 20 127 元，增长了 64.90 倍，年均增长 13.55%。同年，河南省农民人均纯收入为 7 525 元，比 1978 年的 105 元增加了 7 420 元，增加了 71.67 倍，年均增长 13.31%。

从城乡居民收入比来看，2012 年河南省城乡居民收入比为 2.72∶1，比 1978 年的 3.01∶1 减少了 0.29 倍。而且从表 4 - 10 可以看出，1978 ~ 1985 年，城乡居民收入比从 3.01∶1 降低到 1.99∶1；1990 ~ 1995 年城乡居民收入比又缓慢扩大，由 2.41∶1 增加到 2.68∶1；1996 ~ 1998 年，城乡居民收入比再次缓慢降低，由 2.38∶1 降低到 2.26∶1；1999 ~ 2003 年，城乡居民收入比快速增加，由 2.33∶1 增加到了 3.10∶1；2004 ~ 2012 年，城乡居民收入比开始缓慢降低，由 3.02∶1 降低到 2.72∶1，但城乡居民收入差距依然较大。

（2）河南省农户间收入水平差异进一步扩大。

从收入的总量及增长率来看，高收入户收入增长的数量和速度均是最快的。2011 年高收入户的收入为 14 129 元，比 2005 年的 5 686 元增加了 8 443 元，年均增长 1 407.17 元；其次是中高收入户，2011 年中高收入户的收入为 7 862 元，比 2005 年的 3 372 元增加了 4 490 元，年均增长 748.33 元；第三是中等收入户，2011 年中等收入户的收入为 5 900 元，比 2005 年的 2 581 元增加了 3 319 元，年均增长 553.17 元；第四是中低收入户，2011 年中低收入户的收入为 4 407 元，比 2005 年的 1 950 元增加了 2 457 元，年均增长 409.50 元；低收入户收入增长最慢，2011 年低收入户的收入为 2 594 元，比 2005 年的 1 212 元增加了 1 382 元，年均增长 230.33 元。2005 ~ 2011 年，高收入户收入的增加额是中高收入户的 1.88 倍，中等收入户的 2.54 倍，中低收入户的 3.44 倍，低收入户的 6.11 倍。

从高收入户与低收入户的收入比来看，2005 ~ 2010 年，高收入户与低收入户的收入比不断扩大。2010 年二者的收入比为 5.63∶1，比 2005 年的 4.69∶1 扩大了 0.94 倍。2011 年高收入户与低收入户的收入比下降至 5.45∶1（见表 4 - 11）。

表 4 - 11　　　　　2005～2012 年河南省不同收入组间农户收入差异情况　　　单位：元

年份	低收入	中低收入户	中等收入户	中高收入户	高收入户	河南高、低收入户收入比
2005	1 212	1 950	2 581	3 372	5 686	4.69:1
2006	1 387	2 256	2 928	3 824	6 526	4.71:1
2007	1 645	2 643	3 477	4 473	7 755	4.71:1
2008	1 813	2 999	3 989	5 233	9 161	5.05:1
2009	1 837	3 217	4 206	5 688	10 186	5.54:1
2010	2 096	3 624	4 919	6 611	11 801	5.63:1
2011	2 594	4 407	5 900	7 862	14 129	5.45:1

资料来源：根据历年《河南省统计年鉴》的有关数据计算得到。

4.2.3　四川省农民收入分析

四川省地处长江上游，西南的腹地。东邻湖北、湖南，西接西藏，南连云南、贵州，北毗陕西、甘肃和青海，是连接西南、西北和华中三大地区的天然纽带。四川省地势西高东低，由西北向东南倾斜。全省土地总面积 56.71 万平方公里，占全国土地总面积的 5.91%。全省山地、高原面积最大，占全省土地总面积的 78.82%，而平原和丘陵仅占 21.18%。虽然平原和丘陵的面积不大，但由于水热条件优越，土壤肥沃，农业生产条件较好。每年生产的粮食和农业总产值均占全省的 80% 左右，是四川省土地利用率和劳动生产率最高的地区，也是四川省经济较为发达的地区。粮食作物主要有水稻、玉米、小麦等；经济作物主要有油菜、烤烟、甘蔗、棉花和花生等。

四川省是我国的农业大省，也是人口大省。全省有 18 个地级市、3 个自治州；43 个市辖区、14 个县级市、120 个县、4 个自治县。2012 年末全省第一产业总产值 2 240.61 亿元，占国民经济总产值的 15.8%，农民人均纯收入为 4 462.1 元，位居全国第 22 位。

1. 四川省农民收入水平及增长性分析

（1）纵向看，改革开放以来四川省农民收入呈现阶段性增长。

改革开放以来，四川省农民收入在波动中也得到了明显的提高，大致可以分为以下六个阶段（见表 4 – 12）。

表 4 – 12 1978～2012 年四川省农民收入增长阶段划分

阶段划分	时间	特点
第一阶段	1978～1984 年	超常增长阶段
第二阶段	1985～1987 年	低速增长阶段
第三阶段	1988～1993 年	增长回升阶段
第四阶段	1994～1997 年	迅速增长阶段
第五阶段	1998～2003 年	增长徘徊阶段
第六阶段	2004～2012 年	增长恢复阶段

第一阶段（1978～1984 年），农民收入超常增长阶段。

该阶段四川省农民收入从 127 元增加到了 286.8 元，6 年间增加了 159.8 元，增长了 2.26 倍，年均增长率为 14.78%，农民收入得到大幅度提高。

第二阶段（1985～1987 年），农民收入低速增长阶段。

该阶段四川省农民收入虽然进一步增长，但增速明显低于前一阶段，农民人均纯收入由 1985 年的 315 元增长到 1987 年的 369 元，年均增长率 8.81%。

第三阶段（1988～1993 年），农民收入增长回升阶段。

该阶段四川省农民人均纯收入逐步回升，由 449 元增加到 698 元，收入绝对增长 249 元，增长 1.56 倍，年均增长 11.3%。

第四阶段（1994～1997 年），农民收入迅速增长阶段。

该阶段四川省农民人均纯收入由 1994 年的 946 元增加到 1997 年的 1 681 元，收入绝对增长 734 元，增长 1.78 倍，年均增长 24.76%。超过了第一阶段的增长速度。1994 年四川省农民人均纯收入增幅达到 35.52%，是改革开放 30 年来的最高水平。

第五阶段（1998～2003 年），农民收入增长徘徊阶段。

该阶段四川省农民人均纯收入由 1998 年的 1 789 元增加到 2003 年的 2 230 元。收入绝对增长 441 元，年均增长 4.83%。连续 6 年农民人均纯收入增长没有超过 6.5%。

第六阶段（2004～2012 年），农民收入增长恢复阶段。

该阶段四川省农民人均纯收入由 2004 年的 2 519 元增加到 2012 年的

7 001 元，8 年间农民人均纯收入增加了 4 482 元，年均增长率为 13.62%。

（2）横向看，四川农民收入水平低于全国平均水平，增长率略高于全国平均水平。

改革开放至今，四川省农民人均纯收入呈现出持续增长的态势，但一直低于全国的平均水平。1978 年四川省农民人均纯收入为 127 元，低于全国平均水平 7 元。2012 年四川省农民人均纯收入为 7 001 元，比全国平均水平 7 917 元低 916 元（见图 4-5）。

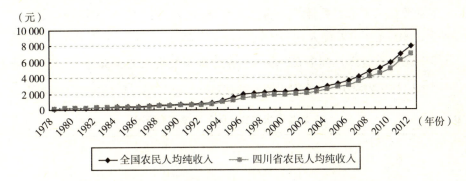

图 4-5　1978～2012 年四川省农民收入水平与全国平均水平的比较

资料来源：历年《中国农村统计年鉴》、《四川省统计年鉴》。

四川省农民人均收入增长率的变化趋势与全国农民人均纯收入增长率的变化趋势大致相同，1994 年四川省农民人均收入的增长率达到了改革开放以来的峰值，为 35.52%，同年全国农民人均收入的增长率也达到了改革开放以来的最高水平，为 32.5%。大多数年份四川省农民人均收入的增长率略高于全国农民人均收入的增长率（见图 4-6）。

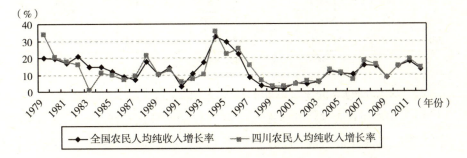

图 4-6　1978～2012 年四川省农民收入增长情况与全国平均水平的比较

资料来源：历年《中国农村统计年鉴》、《四川省统计年鉴》。

2. 四川省农民收入结构分析

（1）家庭经营性收入是农民收入的主体，但其比重不断下降。

四川省农民收入以家庭经营性收入为主，其中主要是以农业收入为主。1995 年至今，四川省家庭经营性收入所占的比重不断减少。1995 年农民家庭经营性收入为 860 元，占农民人均纯收入的比重为 74.29%。2005年农民家庭经营性收入为 1 682 元，占农民人均纯收入的比重为 60%。其中农业收入占家庭经营性收入的比重为 86.15%。到 2012 年家庭经营性收入为 3 005 元，占农民人均纯收入的比重下降至 42.92%，比 1995 年降低了 31.37 个百分点。其中农业收入占家庭经营性收入的比重为 79.37%（见表 4-13）。这说明以农业为主的家庭经营性收入是四川省农民收入的主体。

表 4-13　　　　　　历年四川省农民收入来源结构情况

年份	农民人均纯收入（元）	1. 工资性收入		2. 家庭经营性收入		其　中				3. 财产及转移性收入	
						第一产业收入		第二、三产业收入			
		绝对值（元）	比重（%）	绝对值（元）	比重（%）	绝对值（元）	比重（%）	绝对值（元）	比重（%）	绝对值（元）	比重（%）
1995	1 158	209	18.01	860	74.29	—	—	—	—	89	7.71
2000	1 904	607	31.88	1 194	62.73	—	—	—	—	102	5.38
2005	2 803	955	34.07	1 682	60.00	1 449	86.15	233	13.82	166	5.92
2007	3 547	1 439	40.56	1 863	52.54	1 576	84.62	287	15.40	245	6.91
2008	4 121	1 620	39.32	2 062	50.03	1 762	85.45	299	14.50	439	10.65
2009	4 462	1 821	40.81	2 073	46.45	1 754	84.61	319	15.39	568	12.73
2010	5 140	2 258	43.94	2 292	44.60	1 883	82.15	409	17.85	589	11.46
2011	6 129	2 653	43.28	2 762	45.06	1 466	53.07	506	18.32	714	11.65
2012	7 001	3 089	44.12	3 005	42.92	2 385	79.37	620	20.63	908	12.97

资料来源：根据历年《四川省统计年鉴》的有关数据计算得到。

（2）工资性收入的比重不断上升，成为农民收入增长的主要来源。

1995 年四川省农民工资性收入为 209 元，占农民人均纯收入的 18.01%。到 2012 年工资性收入为 3 089 元，比 1995 年增加了 2 880 元，增长了 14.78 倍。工资性收入占纯收入的比重上升至 44.12%，比 1995 年上升了 26.11 个百分点（见表 4-13），成为农民收入增长的主要来源。

（3）财产性收入和转移性收入所占比重不断增加，成为农民收入的重要补充。

1995 年四川省农民财产性收入和转移性收入为 89 元，占农民人均纯收入的比重为 7.71%，之后农民财产性收入和转移性收入不断增加。2012 年四川省农民财产性收入和转移性收入为 908 元，比 1995 年增加了 891 元，增长了 10.20 倍。农民财产性收入和转移性收入占农民人均纯收入的比重上升至 12.97%，比 1995 年上升了 5.26 个百分点（见表 4 - 13）。但农民财产性收入和转移性收入占纯收入的比重较小，不是农民收入的主要来源部分，只是农民收入的重要补充。

3. 四川省农民收入差异分析

（1）四川省城乡居民收入差距较大。

从收入的总量及增长来看，2012 年四川省城镇居民的可支配收入为 20 307 元，比 1978 年的 338 元增加了 19 969 元，增长了 60 倍，年均增长 26.09%。同年，四川省农民人均纯收入为 7 001 元，比 1978 年的 127 元增加了 6 874 元，增长了 55 倍，年均增长 23.48%。从城乡居民收入比来看，2012 年四川省城乡居民收入比为 2.90:1，比 1978 年的 2.66:1 增加了 0.24 倍。而且从表 4 - 14 可以看出，1978 ~ 1980 年，城乡居民收入从 2.66:1 降低到 2.08:1；1985 ~ 1995 年，城乡居民收入比有迅速扩大，由 2.21:1 增加到 3.46:1；1999 ~ 2001 年，城乡居民收入比又迅速扩大，由 2.87:1 增加到 3.20:1；2002 ~ 2012 年城乡居民收入比震荡降低，由 3.14:1 降低到 2.90:1，但城乡居民收入差距仍较大（见表 4 - 14）。

表 4 - 14　　　　　1978 ~ 2012 年四川省城乡居民收入差异情况

年份	城镇居民可支配收入（元）	农民人均纯收入（元）	城镇居民可支配收入增幅（%）	农民人均纯收入增幅（%）	城乡居民收入比
1978	338	127	—	—	2.66:1
1980	391	188	15.68	48.03	2.08:1
1985	695	315	77.75	67.55	2.21:1
1990	1 490	558	114.39	77.14	2.67:1
1995	4 003	1 158	168.66	107.53	3.46:1

续表

年份	城镇居民可支配收入(元)	农民人均纯收入(元)	城镇居民可支配收入增幅(%)	农民人均纯收入增幅(%)	城乡居民收入比
1996	4 406	1 453	10.07	25.47	3.03:1
1997	4 723	1 681	7.19	15.69	2.81:1
1998	5 127	1 789	8.55	6.42	2.87:1
1999	5 478	1 844	6.85	3.07	2.97:1
2000	5 894	1 904	7.59	3.25	3.10:1
2001	6 360	1 987	7.91	4.36	3.20:1
2002	6 611	2 108	3.95	6.09	3.14:1
2003	7 042	2 230	6.52	5.79	3.16:1
2004	7 710	2 519	9.49	12.96	3.06:1
2005	8 386	2 803	8.77	11.27	2.99:1
2006	9 350	3 002	11.50	7.10	3.11:1
2007	11 098	3 547	18.70	18.15	3.13:1
2008	12 633	4 121	13.83	16.18	3.07:1
2009	13 839	4 462	9.55	8.27	3.10:1
2010	15 461	5 140	11.72	15.19	3.01:1
2011	17 899	6 129	15.77	19.24	2.92:1
2012	20 307	7 001	13.45	14.23	2.90:1

资料来源：根据历年《四川省统计年鉴》的有关数据计算得到。

（2）四川省农户间收入差异不断扩大。

从收入的总量及增长率来看，高收入户收入增长的数量和速度均是最快的。2012年高收入户的收入为14 428元，比2005年的5 516元增加了8 912元，年均增长1 273.14元；其次是中高收入户，2012年中高收入户的收入为8 905元，比2005年的3 398元增加了5 507元，年均增长786.71元；第三是中等收入户，2012年中等收入户的收入为6 709元，比2005年的2 628元增加了4 081元，年均增长583元；第四是中低收入户，2012年中低收入户的收入为4 950元，比2005年的2 020元增加了2 930元，年均增长418.57元；低收入户收入增长最慢，2012年低收入户的收入为3 074元，比2005年的1 318元增加了1 756元，年均增长250.86元。2005~2012年，高收入户收入的增加额是中高收入户增加额的1.62倍，是中等收入户增加额的2.18倍，是中低收入户增加额的3.04倍，是低收入户增加额的5.08倍（见表4-15）。

表4-15　　　2005~2012年四川省不同收入组间农户收入差异情况　　单位:元

年份	低收入	中低收入户	中等收入户	中高收入户	高收入户	高、低收入户收入比
2005	1 318	2 020	2 628	3 398	5 516	4.19:1
2006	1 496	2 215	2 814	3 617	5 643	3.77:1
2007	1 736	2 630	3 355	4 345	6 674	3.84:1
2008	2 135	3 147	3 967	5 178	7 667	3.59:1
2009	2 267	3 470	4 580	5 965	9 473	4.18:1
2010	2 231	3 559	4 793	6 386	10 721	4.80:1
2011	3 095	4 837	6 226	7 983	12 592	4.07:1
2012	3 074	4 950	6 709	8 905	14 428	4.69:1

资料来源:根据历年《四川省统计年鉴》的有关数据计算得到。

从高收入户与低收入户的收入比来看,2005~2012年,高收入户与低收入户的收入比经历了缩小—扩大—再缩小—再扩大的过程。2012年二者的收入比为4.69:1,比2005年的4.19:1扩大了0.5倍。

4.3　苏、豫、川三省农民收入共性及差异性分析

4.3.1　共性分析

1. 三省农民收入均呈现出明显的阶段性增长

(1) 1978~2012年,江苏省农民人均纯收入增长经历了超常规增长阶段(1978~1984年)、相对低速增长阶段(1985~1988年)、增长下降阶段(1989~1991年)、增长快速回升阶段(1992~1996年)、增长徘徊阶段(1997~2003年)和增长恢复阶段(2004~2012年)六个阶段。

(2) 1978~2012年,河南省农民人均纯收入增长经历了快速增长阶段(1978~1984年)、低速增长阶段(1985~1992年)、迅速增长阶段(1993~1996年)、增长趋缓阶段(1997~2000年)和增长恢复阶段(2001~2012年)五个阶段。

(3) 1978至2012年,四川省农民人均纯收入增长经历了超常增长阶段(1978~1984年)、低速增长阶段(1985~1987年)、增长恢复阶段

(1988～1993年)、迅速增长阶段(1994～1997年)、增长徘徊阶段(1998～2003年)和增长恢复阶段(2004～2012年)六个阶段。

2. 三省农民收入水平在不断提高的过程中结构渐趋优化

(1)家庭经营性收入虽仍是三省农民收入的主要来源,但比重均在降低。

江苏省1995年家庭经营性收入占总收入的比重为62.84%,2012年比重下降至34.29%。河南省1995家庭经营性收入占总收入的比重为81.49%,2012年比重下降至52.80%。四川省1995年家庭经营性收入占总收入的比重为74.29%,2012年下降至42.92%。由此可以看出,虽然家庭经营性收入仍是三省农民收入的主要来源,但其在农民收入中的比重均在下降。

(2)工资性收入在总收入中的比重不断增加,成为三省农民收入增长的主要来源。

江苏省1995年工资性收入占总收入的比重为33.46%,2012年比重上升至53%。河南省1995年工资性收入占总收入的比重为13.31%,2012年比重上升至39.72%。四川省1995年家工资性收入占总收入的比重为18.01%,2012年比重上升至44.12%。由此可以看出,农民收入中工资性收入的比重不断增加,成为三省农民收入增长的主要来源。

(3)财产性和转移性收入稳步增长,成为三省农民收入的重要补充。

江苏省1995年财产性和转移性收入占农民收入的比重为3.70%,2012年比重上升至12.65%。河南省1995年财产性和转移性收入占农民收入的比重为5.19%,2012年比重上升至7.48%。四川省1995年财产性和转移性占农民收入的比重为7.71%,2012年比重上升至12.97%。由此可以看出,财产性和转移性收入虽不是农民收入的主要来源,但其在农民收入中的比重在不断增加,成为三省农民收入的重要补充。

3. 三省农民收入差异均较大

(1)城乡居民收入差距较大。

从城乡居民收入比来看,江苏省1978年城乡居民收入比为1.89:1,

2012 年城乡居民收入比为 2.43∶1，比 1978 年扩大了 0.54 倍；河南省 1978
年城乡居民收入比为 3.01∶1，2012 年城乡居民收入比为 2.72∶1，虽比
1978 年减少了 0.29 倍，但仍然较高；四川省 1978 年城乡居民收入比为
2.66∶1，2012 年城乡居民收入比为 2.90∶1，比 1978 年增加了 0.24 倍。三
省城乡居民收入差距均较大。

（2）农户之间收入差异较大。

江苏省 2005 年高收入户与低收入户的收入比为 4.56∶1，至 2012 年二
者的收入比为 7.01∶1，比 2005 年扩大了 2.45 倍。

河南省 2005 年高收入户与低收入户的收入比为 4.69∶1，至 2011 年二
者的收入比为 5.45∶1，比 2005 年扩大了 0.76 倍。

四川省 2005 年高收入户与低收入户的收入比为 4.19∶1，至 2012 年二
者的收入比为 4.69∶1，比 2005 年扩大了 0.5 倍。

4.3.2 差异性分析

1. 江苏省农民收入水平最高，增长最快；其次为河南省；四川省最低

改革开放以来，苏、豫、川三省农民收入水平都不断提高，从三省农
民人均纯收入的水平及增长速度来看，1978~2012 年，江苏省农民人均纯
收入增长了 80.22 倍，年均增长 2.92 倍；河南省农民人均纯收入增长了
71.67 倍，年均增长 2.05 倍；四川省农民人均纯收入增长了 59 倍，年均
增长 1.71 倍。

此外，由图 4-7 还可以直观地看出，1978~1984 年，苏、豫、川三
省农民人均纯收入水平差距并不是很大，且接近于全国农民人均纯收入的
平均水平。1985 年开始，江苏省农民人均纯收入逐渐拉大了与河南、四川
省的差距，与全国的平均水平也开始拉大。尤其是 1994 年之后，江苏省农
民人均纯收入增长一直居于领先地位，远高于河南、四川省农民人均纯收
入的水平及全国农民人均纯收入的平均水平。而河南、四川两省农民人均
纯收入的水平保持着相同的趋势逐步增长，且略低于全国农民人均纯收入
的平均水平。

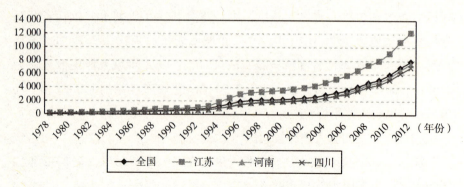

图 4 - 7　1978～2012 年苏、豫、川三省农民收入水平比较

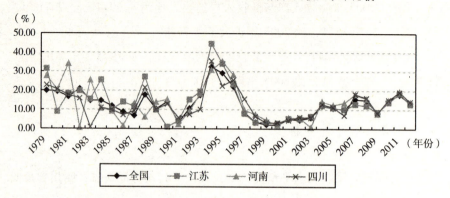

图 4 - 8　1978～2012 年苏、豫、川三省农民收入增长率比较

2. 农民收入来源结构与贡献率差异比较分析

（1）三省工资性收入差异比较。

从工资性收入的绝对值来看，江苏省增长最多，2012 年江苏省农民人均纯收入中工资性收入为 6 474 元，比 1995 年的 822 元上涨了 5 652 元，年均增长 314 元；其次为四川省，2012 年四川省农民人均纯收入中工资性收入为 3 089 元，比 1995 年的 209 元上涨了 2 880 元，年均增长 160 元；河南省最低，2012 年河南省农民人均纯收入中工资性收入为 2 989 元，比 1995 年的 164 元上涨了 2 825 元，年均增长 156.94 元。

从工资性收入占农民人均纯收入的比重来看，2012 年江苏省农民工资性收入的比重最高，为 53%，其次为四川省，44%；河南省最低为 40%。从变化的情况来看，1995～2012 年，江苏省工资性收入的比重由 33% 上升到53%，增加了20%；河南省工资性收入的比重由13%上升到40%，增加了27%；四川省工资性收入的比重由18%上升到44%，增加了26%。虽然三省增长的幅度差不多，但江苏省工资性收入占农民人均纯收入的比重居于领先地位。

从工资性收入增长对农民人均纯收入增长的贡献率来看，江苏省工资性收入增长对农民人均纯收入增长的贡献率最高。2000~2012年，江苏省工资性收入对农民人均纯收入的平均贡献率为57.88%；其次是四川省，工资性收入的平均贡献率为50.25%；河南省工资性收入对农民人均纯收入增长的平均贡献率最低，为43.63%。

（2）三省家庭经营性收入差异比较。

从家庭经营性收入的绝对值来看，河南省增长最多。2012年河南省农民人均纯收入中家庭经营性收入为3 973元，比1995年的1 004元上涨了2 969元，年均增长164.94元；其次是江苏省，2012年江苏省农民人均纯收入中家庭经营性收入为4 184元，比1995年的1 544元上涨了2 640元，年均增长146.67元；四川省最低，2012年四川省农民人均纯收入中家庭经营性收入为3 005元，比1995年的860元上涨了2 145元，年均增长119.17元。

从家庭经营性收入占农民人均纯收入的比重来看，2012年河南省家庭经营性收入的比重最高，为53%，其次为四川省，为43%；江苏省最低，为34%。从变化的情况来看，1995~2012年，河南省家庭经营性收入的比重由81%下降到53%，降低了28%；四川省家庭经营性收入的比重由74%下降到43%，下降了31%；江苏省家庭经营性收入的比重由63%下降到34%，下降了29%。虽然三省下降的幅度差不多，但河南省家庭经营性收入占农民人均纯收入的比重居于领先地位。

从家庭经营性收入增长对农民人均纯收入增长的贡献率来看，河南省家庭经营性收入对农民人均纯收入增长的贡献率最高。2000~2012年，河南省家庭经营性收入的平均贡献率为48.25%；其次是四川省，家庭经营性收入的平均贡献率为33.63%；江苏省家庭经营性收入对农民人均纯收入增长的平均贡献率最低，为26.75%。

（3）三省财产与转移性收入差异比较。

从财产与转移性收入的绝对值来看，江苏省增长的最多。2012年江苏省农民人均纯收入中财产与转移性收入为 1 544 元，比 1995 年的 91 元上涨了 1 453 元，年均增长 80.72 元；其次是四川省，2012 年四川省农民人均纯收入中财产与转移性收入为 908 元，比 1995 年的 89 元上涨了 819 元，年均增长 45.5 元；河南省最低，2012 年河南省农民人均纯收入中财产与转移性收入为 563 元，比 1995 年的 64 元上涨了 499 元，年均增长 27.72 元。

从财产与转移性收入占农民人均纯收入的比重来看，2012 年四川省和江苏省财产与转移性收入的比重最高，为 13%；河南省最低，为 7%。从变化的情况来看，1995～2012 年，江苏省财产与转移性收入的比重由 4% 上升到 13%，增加了 9%；四川省财产与转移性收入的比重由 8% 上升到 13%，增加了 5%。河南省财产与转移性收入的比重由 5% 上升到 7%，增加了 2%。

从财产与转移性收入增长对农民人均纯收入增长的贡献率来看，四川省财产与转移性收入对农民人均纯收入增长的平均贡献率最高。2000～2012 年，四川省财产与转移性收入对农民人均纯收入增长的平均贡献率为 16.25%；其次是江苏省，财产与转移性收入的平均贡献率为 15.38%；河南省财产与转移性收入对农民人均纯收入增长的平均贡献率最低，为 7.88%（见表 4 - 16）。

表 4 - 16　　　　历年苏、豫、川三省农民收入来源结构及
不同收入来源贡献率差异情况

地区	年份	纯收入	工资性收入			家庭经营性收入			财产与转移性收入		
			绝对值（元）	比重（%）	贡献率（%）	绝对值（元）	比重（%）	贡献率（%）	绝对值（元）	比重（%）	贡献率（%）
江苏	1995	2 457	822	33		1 544	63		91	4	
	2000	3 595	1 663	46	74	1 771	49	20	161	4	6
	2005	5 276	2 786	53	67	2 125	40	21	365	7	12
	2007	6 561	3 443	52	51	2 566	39	34	552	8	15
	2008	7 356	3 896	53	57	2 812	38	31	649	9	12
	2009	8 004	4 239	53	53	2 939	37	20	826	10	27
	2010	9 118	4 896	54	59	3 215	35	25	1 007	11	16
	2011	10 805	5 747	53	50	3 718	34	30	1 340	12	20
	2012	12 202	6 474	53	52	4 184	34	33	1 544	13	15

续表

地区	年份	纯收入	工资性收入			家庭经营性收入			财产与转移性收入		
			绝对值（元）	比重（%）	贡献率（%）	绝对值（元）	比重（%）	贡献率（%）	绝对值（元）	比重（%）	贡献率（%）
河南	1995	1 232	164	13		1 004	81		64	5	
	2000	1 986	474	24	41	1 427	72	56	85	4	3
	2005	2 871	854	30	43	1 914	67	55	103	4	2
	2007	3 852	1 268	33	42	2 398	62	49	186	5	8
	2008	4 454	1 500	34	39	2 699	61	50	255	6	11
	2009	4 807	1 622	34	35	2 891	60	54	294	6	11
	2010	5 524	1 944	35	45	3 240	59	49	340	6	6
	2011	6 604	2 524	38	54	3 601	55	33	479	7	13
	2012	7 525	2 989	40	50	3 973	53	40	563	7	9
四川	1995	1 158	209	18		860	74		89	8	
	2000	1 904	607	32	53	1 194	63	45	103	5	2
	2005	2 803	955	34	39	1 682	60	54	166	6	7
	2007	3 547	1 439	41	65	1 863	53	24	245	7	11
	2008	4 121	1 620	39	32	2 062	50	35	439	11	34
	2009	4 462	1 821	41	59	2 073	46	3	568	13	38
	2010	5 140	2 258	44	64	2 292	45	32	589	11	3
	2011	6 129	2 653	43	40	2 762	45	48	714	12	13
	2012	7 001	3 089	44	50	3 005	43	28	908	13	22

资料来源：根据历年《江苏省统计年鉴》、《河南省统计年鉴》《四川省统计年鉴》的有关数据计算得到。

3. 农民收入差异比较分析

从城乡收入差距来看（见表4-17），江苏省城乡收入差距最小，其次为河南省，四川省城乡收入差距最大。1978年，苏、豫、川三省城乡居民收入比为分别为：1.89：1、3.01：1和2.66：1。江苏省城乡居民收入差距低于全国平均水平，而河南和四川两省的城乡居民收入差距高于全国平均水平。到2012年，苏、豫、川三省城乡居民收入比分别为：2.43：1、2.72：1和2.90：1. 三省城乡居民收入差距均低于全国平均水平3.10：1。

从农户间收入差异来看（见表 4 – 18），江苏省农户间收入差异最大，其次为河南省，四川省农户间收入差异最小。2005 年，苏、豫、川三省高收入户与低收入户收入比为分别为：4.56：1、4.69：1 和 4.19：1。三省农民内部收入差距均低于全国平均水平 7.26：1；到 2012 年，江苏和四川省高收入户与低收入户收入比分别为：7.01：1 和 4.69：1。河南省 2011 年高收入户与低收入户收入比为 5.45：1。三省农户间收入差异均低于全国平均水平。

表 4 – 17   1978 ~ 2012 年苏、豫、川三省城乡居民收入差距比较

年份	全国城乡居民收入比	江苏城乡居民收入比	河南城乡居民收入比	四川城乡居民收入比
1978	2.57：1	1.89：1	3.01：1	2.66：1
1980	2.50：1	1.99：1	2.57：1	2.08：1
1985	1.86：1	1.55：1	1.99：1	2.21：1
1990	2.40：1	1.66：1	2.41：1	2.67：1
1995	2.71：1	1.89：1	2.68：1	3.46：1
1996	2.51：1	1.71：1	2.38：1	3.03：1
1997	2.47：1	1.76：1	2.36：1	2.81：1
1998	2.51：1	1.78：1	2.26：1	2.87：1
1999	2.65：1	1.87：1	2.33：1	2.97：1
2000	2.79：1	1.89：1	2.40：1	3.10：1
2001	2.90：1	1.95：1	2.51：1	3.20：1
2002	3.11：1	2.05：1	2.82：1	3.14：1
2003	3.23：1	2.18：1	3.10：1	3.16：1
2004	3.21：1	2.20：1	3.02：1	3.06：1
2005	3.22：1	2.33：1	3.02：1	2.99：1
2006	3.28：1	2.42：1	3.01：1	3.11：1
2007	3.33：1	2.50：1	2.98：1	3.13：1
2008	3.31：1	2.54：1	2.97：1	3.07：1
2009	3.33：1	2.57：1	2.99：1	3.10：1
2010	3.23：1	2.52：1	2.88：1	3.01：1
2011	3.13：1	2.44：1	2.75：1	2.92：1
2012	3.10：1	2.43：1	2.72：1	2.90：1

资料来源：根据历年《江苏省统计年鉴》、《河南省统计年鉴》《四川省统计年鉴》的有关数据计算得到。

表 4 – 18   2005 ~ 2012 年苏、豫、川三省不同收入组间农户收入差异比较

年份	全国高、低收入 户收入比	江苏高、低收入 户收入比	河南高、低收入 户收入比	四川高、低收入 户收入比
2005	7.26:1	4.56:1	4.69:1	4.19:1
2006	7.17:1	5.57:1	4.71:1	3.77:1
2007	7.27:1	4.67:1	4.71:1	3.84:1
2008	7.53:1	5.74:1	5.05:1	3.59:1
2009	7.95:1	6.39:1	5.54:1	4.18:1
2010	7.51:1	6.67:1	5.63:1	4.80:1
2011	8.39:1	6.99:1	5.45:1	4.07:1
2012	8.21:1	7.01:1	—	4.69:1

资料来源：根据历年《江苏省统计年鉴》、《河南省统计年鉴》《四川省统计年鉴》的有关数据计算得到。

4.4 区域间农民收入差异的成因分析

从上述分析可知，改革开放至今我国农民收入水平从整体上来看在不断提高，农民生活日益得到改善。但从局部来看，区域间农民收入差异呈现出扩大的趋势。区域间农民收入差异的扩大不利于农村经济和社会的繁荣和稳定，因此，有必要对差异的成因进行关注与探讨。本章将从以下几个方面来分析我国区域间农民收入产生差异的成因。

4.4.1 地理区位和资源条件差异

地理区位和资源条件的差异是区域间农民收入差异产生的基础原因。东部沿海地区濒临大海，港口众多，地势平坦，海陆空交通都很便利。加之东部沿海地区与日本、韩国以及其他东南亚国家隔海相望，贸易往来较为便利。除此之外，东部沿海地区的资源条件也较好。东部沿海地区虽然人均耕地面积不大，但其气候适宜、雨水充沛、土壤肥沃，适宜多种农作物生长。很多地方自古以来就有"鱼米之乡"之称，农业生产也较为发

达。而中西部地区尤其是西部地区深居内陆，交通相对落后，地势以高原、山区和丘陵为主，起伏较大。且气候、雨水，土壤等自然条件也明显不如东部地区。因此，较好的地理区位和资源条件使得东部地区较中西部地区具有经济发展的区位优势，区域经济得到了迅速发展，农民收入水平也高于中西部地区。

4.4.2　政策差异

政策的差异常常会引起区域间经济水平的差异，进而导致收入水平的差异。改革开放初期，我国区域经济发展战略是优先发展东部地区，然后向中西部地区推移的"非均衡发展战略"。在这一发展战略指导下，东部地区得到了市场准入、商品流通、减免税收等一系列的优惠政策。东部地区的经济也因此得到了率先发展。而与东部地区相比，中西部地区没有享受到这些优惠政策，加之其经济基础本来就较差。因此，改革开放初期的经济非均衡发展战略是加剧地区间经济发展和收入水平差距的必然因素。尽管为了缩小地区经济水平和收入水平的差距，我国政府提出了西部大开发、振兴东北老工业基地、促进中部崛起等一系列的发展战略，但东中西部地区间经济发展和收入水平的差距仍较为明显。

4.4.3　经济发展水平差异

国内生产总值（GDP）指一定时期内（一个季度或一年），一个国家（或地区）的经济中所生产出的全部最终产品和提供劳务的市场价值的总值，它是最受关注的宏观经济统计数字。因此，在经济学中国内生产总值常被认为是衡量一个国家（或地区）经济发展水平的重要指标。

从表4-19可以看出，2005年至今，东部地区的生产总值占国内生产总值的比重一直在60%以上；中部地区的生产总值占国内生产总值的比重较少，不到30%；西部地区生产总值更少，占国内生产总值的比重不到14%。由此可以看出，东部地区的经济发展水平要远高于中西部地区。

表 4 – 19　　　　　　2005 ~ 2009 年东、中、西部地区生产总值占
全国国内生产总值的比重情况　　　　　　单位:%

	2005	2006	2007	2008	2009
全国	100.00	100.00	100.00	100.00	100.00
东部	61.52	61.53	61.14	60.34	60.13
西部	28.64	28.61	29.04	29.65	29.90
中部	13.15	13.17	13.20	13.48	13.54

资料来源：根据《中国统计年鉴》(2010) 有关数据计算所得。

4.4.4　农村工业化进程差异

由前述分析可知，工资性收入是近年来农民收入的主要增长点，工资性收入的差异是地区间农民收入差异扩大的重要原因，而这种差异就根源于地区间农村工业化进程的差异，尤其是乡镇企业发展的差异。

如表 4 – 20 所示，2008 年东部地区的乡镇企业数量占我国乡镇企业总数的 52.14%，总产值占全国乡镇企业总产值的 76.0%，从业人员占乡镇企业从业人员总数的 62.22%，劳动者报酬占乡镇企业劳动者总报酬的 68.76%；而中部地区乡镇企业数量占我国乡镇企业总数的 36.66%，总产值占全国乡镇企业总产值的 16.54%，从业人员占乡镇企业从业人员总数的 25.95%，劳动者报酬占乡镇企业劳动者总报酬的 22.42%；西部地区乡镇企业数量仅占我国乡镇企业总数的 11.20%，总产值占全国全国乡镇企业总产值的 7.46%，从业人员占乡镇企业从业人员总数的 11.82%，劳动者报酬占乡镇企业劳动者总报酬的 8.82%。

表 4 – 20　　　　　　　2008 年我国东中西部地区乡镇企业
主要经济指标占全国的比重　　　　　　单位:%

	企业个数	从业人员	总产值	劳动者报酬
全国	100.00	100.00	100.00	100.00
东部	52.14	62.22	76.00	68.76
中部	36.66	25.95	16.54	22.42
西部	11.20	11.82	7.46	8.82

资料来源：根据《中国乡镇企业及农产品加工业年鉴》(2009) 有关数据计算所得。

以苏、豫、川三省为例，2008 年，江苏省有 56.35 万家乡镇企业，从业人员有 1 372.73 万人，创造的总产值为 5 647.27 亿元，为劳动者提供的报酬为 2 435.43 亿元。而同期河南省的乡镇企业有 23.35 万家，从业人员有 525.41 万人，创造的总产值为 1 112.02 亿元，为劳动者提供的报酬为 617.23 亿元；四川省的乡镇企业有 27.97 万家，从业人员有 436.95 万人，创造的总产值为 839.62 亿元，为劳动者提供的报酬为 430.03 亿元。苏、豫、川三省乡镇企业为农村劳动力提供的非农就业机会的比值为 3.14∶1.20∶1，劳动力人均获得的报酬为 1.80∶1.19∶1。

以乡镇企业为代表的农村工业为大量农村剩余劳动力提供了非农就业岗位，这大大增加了农民的工资性收入，同时也促进了农村经济的发展。但是，由上述分析可知，我国区域间农村工业化的发展水平是不均衡的。江苏省等东部沿海地区由于拥有较好的地理区位优势和经济基础，加上优先发展的政策，使得该地区乡镇企业发展最早，也最快。农民获得的工资性收入大大增加，促进了农民收入的快速增长。而河南和四川等中西部地区乡镇企业起步较晚，发展速度也较为缓慢，造成农村劳动力严重过剩。加之中西部地区身处内陆，交通不便、信息闭塞等因素不利于该地区农民出外寻找就业机会。因此，中西部地区的农民非农就业机会较少，工资性收入增长缓慢。

4.4.5 农户家庭经营方式差异

目前，我国农户家庭经营的方式大体分纯种植户、兼业户和专业户三类。其中，纯种植户是指单纯依靠种植自家承包地为生的农户。兼业户是指农业与非农产业兼营的农户。专业户是指专门从事种植业、养殖业或农产品加工业等农业或非农产业中的一种或多种行业，且经营达到一定规模的农户。

从农户增收的效果来看，纯种植户由于种植规模较小，经营方式单一，收入结构也较单一，收入水平较低；兼业户虽种植规模也较小，但由于家庭经营方式的多样化，其收入来源也多元化，收入水平要高于纯种植户；专业户由于实现了经营方式的规模化，收入水平要高于兼业户和纯种植户。由此可以看出，纯种植户的经营方式较为落后，收入偏低，增收潜力不大；而兼业户和专业户的经营方式，适应了农村市场经济发展及产业结构调整的需要，收入水平相对较高，而且专业户随着经营规模的扩大，其增收潜力也较大。

东部地区农户家庭经营性收入中来自农业的收入份额，特别是粮食作物的收入份额明显低于中西部地区，而来自非农产业的收入份额高于中西部地区。仍以苏、豫、川三省为例，2009 年，江苏省农民家庭经营性收入为 2 939 元，其中来自农业的收入为 1 720 元，在家庭经营性收入中的比重为 58.53%，非农产业收入为 1 219 元，比重为 41.47%；而河南省农民家庭经营性收入为 2 891 元，其中来农业的收入为 2 380 元，在家庭经营性收入中的比重为 82.32%，非农产业收入为 511 元，比重为 17.68%；四川省农民家庭经营性收入为 2 073 元，其中来自农业的收入为 1 754 元，在家庭经营性收入中的比重为 84.60%，非农产业收入为 320 元，比重为 15.40%。由此可以看出，江苏省农民家庭经营方式较多样化，收入结构也较为多元化，收入水平相对较高；而河南和四川两省家庭经营方式较为单一，过于依靠农业收入，收入水平相对较低。

4.4.6 农村劳动力素质差异

据美国经济学家 D. Gale Johson 分析，中国农民在校时间每增加一年，其收入就可增长 3.6% ~ 5.5%。农民素质的高低通过对农业劳动生产率、农村劳动力转移和农民收入结构的影响与农民收入状况紧密地联系在一起。我国农村劳动力素质较低，且东中西部地区间相差较大，这也是我国区域间农民收入产生差异的重要原因。

如表 4-21 所示，2009 年我国农村劳动力的受教育程度为：在 100 个农村劳动力中，不识字或识字很少的占 5.9%，小学文化程度的占 24.7%，初中文化程度的占 52.7%，高中文化程度的占 11.7%，中专和大专以上文化程度的分别占 2.9% 和 2.1%；分地区来看，东部地区不识字或识字很少的占 3.4%，小学文化程度的占 20.3%，初中文化程度的占 54.9%，高中文化程度的占 14.4%，中专和大专以上文化程度的分别占 3.8% 和 3.2%；

中部地区不识字或识字很少的占4.8%，小学文化程度的占23.5%，初中文化程度的占56.0%，高中文化程度的占11.7%，中专和大专以上文化程度的分别占2.5%和1.7%；西部地区不识字或识字很少的占11.0%，小学文化程度的占32.4%，初中文化程度的占45.0%，高中文化程度的占8.4%，中专和大专以上文化程度的分别占2.1%和1.1%。就高中及以上文化程度来看，在100个农村劳动力中，全国为16.7%，东部占21.4%，中部为15.8%，西部为11.6%。

表4-21　　　2009年东中西部地区农村居民家庭劳动力文化程度情况　　　单位:%

农村劳动力文化程度	全国	东部	中部	西部
不识字或识字很少	5.9	3.4	4.8	11.0
小学程度	24.7	20.3	23.5	32.4
初中程度	52.7	54.9	56.0	45.0
高中程度	11.7	14.4	11.6	8.4
中专程度	2.9	3.8	2.5	2.1
大专级以上	2.1	3.2	1.7	1.1

资料来源:《中国农村统计年鉴》(2010)。

由此可以看出，我国东部地区农村劳动力的素质要高于中西部地区和全国平均水平。农村劳动力素质较低成为制约中西部地区农民收入增长的重要因素。

4.5　本章小结

本章第4.1节通过运用距离分析方法依次对我国东、中、西部地区各省农民收入进行分析，并结合我国13个粮食主产区的分布最终确定了江苏、河南和四川分别为东、中、西部地区的代表省份。

第4.2节至第4.3节通过对苏、豫、川三省农民收入增长的阶段性、农民收入的来源结构及不同来源对农民收入的贡献率以及农民收入的差异进行实证分析，总结出苏、豫、川三省农民收入问题的共性和差异性。

共性表现在：首先，苏、豫、川三省农民收入均在波动中增长，增长具有明显的阶段性；其次，苏、豫、川三省农民收入均在水平不断提高的过程中结构渐趋优化；第三，苏、豫、川三省省内农民收入差异均较大。

差异性表现在：首先，苏、豫、川三省农民的收入水平具有明显的差异性。江苏省农民收入水平在三省中一直居于领先地位，河南位居第二，四川农民的收入水平在三省中最低。其次，苏、豫、川三省农民收入的来源结构具有明显的差异。从工资性收入占纯收入的比重来看，江苏省的比重最高，为53%，四川省次之，比重为41%，河南省最低，为34%。从家庭经营性收入占纯收入的比重来看，河南省最高，为60%，其次是四川省，为46%，江苏省最低位37%。从财产和转移性收入占纯收入的比重来看，四川省最高，为13%，江苏省次之，为10%，河南最低为6%。第三，苏、豫、川三省农民收入不同来源的贡献率具有明显的差异，江苏省农民收入中工资性收入的贡献率最高，达到60.4%，家庭经营收入的贡献率为25.2%，财产与转移性收入的贡献率为14.4%。河南省农民收入中家庭经营收入的贡献率最高，为52.8%，工资性收入的贡献率为40%，，财产与转移性收入的贡献率为7%。四川省农民收入中工资性收入的贡献率最高，达到49.6%，家庭经营收入的贡献率为32.2%，财产与转移性收入的贡献率为18.4%。

由此可以看出，江苏省农民收入以非农收入为主，属于非农产业主导型；河南省农民收入以农业收入为主，属于农业主导型；四川省农民收入以家庭经营性收入为主，但工资性收入的比重也较大，属于农业与非农产业双轮驱动型。

第4.2节在前面分析的基础上，对造成我国区域间农民收入差异的成因进行了归纳。认为地区间的地理区位及资源条件差异、政策差异、农村工业化进程的差异、农户间家庭经营方式的差异、农村劳动力素质的差异是造成我国区域间农民收入差异的主要原因。

第 5 章

农户收入及差异影响因素实证分析

在第3、第4两章研究的基础上，笔者对影响我国农民收入及导致地区间农民收入差异的原因有了宏观和中观层面的掌握。根据以上宏观、中观层面的影响因素，笔者设计了农户调研问卷，并按照第4章的区域选择进行实地调研，以获取农民收入及差异影响因素的第一手资料。本章研究是在调研数据的基础上进一步对我国农民收入及差异的影响因素进行定量研究。研究内容主要包括三个方面：第一，分析各样本的信息，掌握样本农户收入及差异的现实情况；第二，建立农户收入决定方程，通过多元回归分析找出影响农户收入的显著因素；第三，在农户收入决定方程回归的基础上结合 Shapley 值分解方法进一步分析导致农户收入产生差异的主要因素。

5.1 样本的选取、调查方式及内容

5.1.1 样本的选取

根据第4章的区域选择，笔者选取了江苏、河南、四川三省作为样本点。三省分别位于我国的东、中、西部地区，且三省均为我国的粮食主产区。因此，对于苏、豫、川三省农户进行实地调研有助于掌握目前我国不同区域农户收入的现实情况，使得本书的研究更加具有现实意义。

首先，样本县（市）的选取。笔者运用分层抽样的方法选取了江苏的兴化市和常熟市、河南的郸城县和长垣县、四川的广汉市和双流县六个样本县（市）。其中，江苏的兴化、河南的郸城以及四川的广汉都是农业大县（市），经济水平相对较低；而江苏的常熟、河南的长垣以及四川的双流均是非农产业发展较好的县（市），经济水平相对较高。因此，兴化、常熟、郸城、长垣、广汉和双流六个县（市）涵盖了我国东、中、西部地区的经济发达和欠发达地区。样本点选取具有一定的代表性。

其次，样本乡（镇）和村庄的选取。笔者同样运用分层抽样的方法，依据城郊、近郊和远郊来确定样本乡（镇）和样本村的选取。每个县选取了2~4个乡（镇），每个乡（镇）选取了1~2个村庄。

最后，样本农户的选取。样本农户的选取采取了随机调查的方法。每个村随机选取的农户数量不等，但大体上每个村庄的样本农户数占该村总农户数的比重大体相当。因此，大的行政村选的样本农户数量多一些，小的行政村样本农户数量就少一些，但每个县（市）为100户样本。

通过上述方法，样本最终的分布情况为：3个省份、6个县（市）、15个乡（镇）、21个村庄。2010年10~12月笔者对这6个县（市）21个样本村庄进行了农户调研。每个省访问了200个样本农户，共访问了600个样本农户，最后取得有效样本566个。具体样本点的分布如表5-1所示。

表5-1　　　　　　　　　　　样本点的分布情况

省份	地市	县（市）	乡镇	农户数	有效样本户数
江苏省	泰州市	兴化市	陈堡镇	50	46
			竹泓镇	50	45
	苏州市	常熟市	尚湖镇	50	48
			梅李镇	50	47
河南省	周口市	郸城县	北村镇	12	11
			汲水镇	35	34
			吴台镇	53	52
	新乡市	长垣县	常村镇	50	49
			魏庄镇	50	49

续表

省份	地市	县（市）	乡镇	农户数	有效样本户数
四川省	德阳市	广汉市	连山镇	50	49
			新峰镇	50	49
			金桥镇	15	11
	成都市	双流县	万安镇	25	22
			华阳镇	35	31
			大林镇	25	23
合计	6	6	15	600	566

资料来源：根据调研资料整理所得。

5.1.2　样本的调查方式

此次调查采用了一对一的访谈形式和一对多的访谈形式。一对一的访谈形式是指一个调查人员和一个受访农民进行交谈。调查人员提出问题，受访农民进行回答，调查人员进行记录完成调研问卷。一对多的访谈形式是指一个调查人员对多个受访农民，由调查人员给受访农民讲解问卷每个问题的内容，受访农民自己填写来完成调研问卷。完成同样数量的问卷，第一种方式的耗时要远远高于第二种方式。

两种调查方式各有利弊：第一种方式虽耗时长，但通过一对一的形式，调查人员除了可以高质量地完成调研问卷外，还可以通过观察受访者语言及表情的一些变化来获取一些重要的信息。第二种方式虽然耗时短，但由于问卷由受访者自己填写，存在误解题意、跳跃答题及信息遗漏等问题，调研问卷的质量得不到保障。此次农户调查只有13%的调研问卷采用了第二种方式，所以调研问卷的质量得到了有效的保障。

5.1.3　样本的调查内容

此次实地调查涉及村级调查和户级调查两个部分。村级调查的内容包括农户数、人口数、劳动力数、农业技术人员数、耕地面积、有效灌溉面积、地形等村庄基本情况以及村庄是否有小学、是否有卫生所等公共事业发展情况两个方面。户级调查的内容包括农户家庭成员的基本信息、农户家庭生产的基本信息以及农户家庭的收入信息等情况。

5.2 样本县（市）与村庄的基本情况

5.2.1 样本县（市）的基本情况

1. 兴化市基本情况

兴化市是隶属于江苏省泰州市的县级市，位于苏北里下河腹部，东邻大丰、东台，南接姜堰、江都，西与高邮、宝应毗邻，北与盐城隔界河相望。全市辖 34 个建制镇和 5 个乡，土地总面积 2 393 平方公里，位居泰州市第一，全省第四。其中，耕地面积为 191 万亩，水面面积 87 万亩。从 2007 年开始，兴化市连续三年跻身全国县域经济基本竞争力百强县（市），同时也是我国重要的商品粮、优质棉生产基地。2009 年末，全市总人口 155.94 万人，人口城镇化率为 43.7%。实现地区生产总值 320.48 亿元，比上年增长 13.6%。其中第一产业增加值 47.8 亿元，增长 4.7%；第二产业增加值 154.95 亿元，增长 15.9%；第三产业增加值 117.74 亿元，增长 15.1%；三次产业结构 14.9∶48.3∶36.7，对地区国民经济增长的贡献率分别为 6.3%、55.1% 和 38.6%。2009 年，兴化市农业经济持续增长，完成农业总产值 96.07 亿元，增长 12.0%。其中，种植业产值 47.09 亿元；全年粮食总产量 132.5 万吨，棉花 1.34 万吨、油料 3.67 万吨、水产品 24.19 万吨，荣获全国"十大粮食生产标兵县（市）称号"；全市农民生活不断改善，农村居民人均纯收入达到 7 741 元，比上年增长 10.7%。其中，工资性收入所占的比重为 50.39%，家庭经营收入的比重为 46.03%，农业收入占家庭经营性收入的 70.11%。

2. 常熟市基本情况

常熟市是隶属于江苏省苏州市的县级市，位于江苏省东南部，东距上海100公里；南接昆山、苏州；西接无锡、江阴；北濒长江。全市辖2个省级开发区、10个镇、1个农林牧渔场、224个行政村。土地总面积为1 094平方公里，其中耕地面积为85万亩。常熟市风光秀丽，境内古迹、景点众多，有"国际花园城市"的美称。又因地处富饶美丽的长江三角洲，故其经济也较为发达。2009年末，全市总人口106.64万人，人口城镇化率达到67.98%。实现地区生产总值1 230.7亿元，比上年增长12%。其中第一产业增加值26.93亿元，增长6.2%；第二产业增加值691.77亿元，增长10.2%；第三产业增加值512亿元，增长15%；三次产业结构为2.2∶56.2∶41.6。2009年，常熟市农业经济持续增长，完成农业总产值46.22亿元，增长7.6%。其中，种植业实现产值22.15亿元；全年粮食总产量30.3万吨，油菜籽1.3万吨、水果1.1万吨、生猪饲养量为40.7万头，主要农产品基本供需平衡；全市农民收入实现了在高平台上稳定增长，农村居民人均纯收入达到12 985元，比上年增长10%。其中，工资性收入所占的比重为66.69%，家庭经营收入的比重为23.84%，农业收入占家庭经营性收入的52.65%。

3. 郸城县基本情况

郸城县隶属于河南省周口市，北依鹿邑县，西连淮阳县，南接沈丘县，东与安徽省界太和县为邻。全县辖8镇、11乡、3个办事处和1个工业区，土地总面积1 471平方公里，其中耕地面积为164万亩。郸城是富庶之地，地理气候条件适中，农产品资源丰富，是全国首批商品粮基地县之一。2009年末，全县总人口132万人，人口城镇化率为29.78%。实现地区生产总值120.03亿元，比上年增长12.8%。其中，第一产业增加值34.50亿元，增长4.4%；第二产业增加值61.18亿元，增长15.2%；第三产业增加值24.35亿元，增长18.9%。2009年，郸城县农业经济持续增长，全县实现农业总产值35.65亿元；粮食总产量17.5亿斤；农村居民人均纯收入为3 915元，比上年实际增长8.55%。

4. 长垣县基本情况

长垣县位于河南省东北部，隶属于新乡市。东隔黄河与山东省东明县相望，西邻滑县，南与封丘、兰考毗连，北与濮阳县接壤。全县辖 8 镇、6 乡、4 个办事处，土地总面积 1051 平方公里，其中耕地面积为 70 万亩。长垣县是"中国厨师之乡"和"中国起重机械之乡"。2009 年末，全县总人口 80.63 万人，人口城镇化率为 28.86%。实现地区生产总值 128.4 亿元，比上年增长 16.1%。其中，第一产业增加值 18.6 亿元，增长 3.7%；第二产业增加值 64.5 亿元，增长 19.3%；第三产业增加值 45.3 亿元，增长 17.7%；三次产业结构为 14.5∶50.2∶35.3。2009 年长垣县农业生产稳定发展，全县实现农业总产值 32.02 亿元；粮食总产量 56.75 万吨、油料 6.44 万吨、蔬菜 43.25 万吨；农村居民人均纯收入为 6 281 元，比上年增长 7.9%。

5. 广汉市基本情况

广汉市位于"天府之国"四川之腹心，隶属德阳市。北临德阳市区 17 公里，南距成都市区 23 公里。境内地势平坦，气候温和，河流纵横，土地肥沃。市容整洁，风光秀丽，被誉为"成都的后花园"。全市辖 18 乡镇，土地总面积 538 平方公里，其中耕地面积为 75 万亩。广汉是"四川省经济综合实力十强县"之一。全市现有国家、省、德阳市级重点农业龙头企业 50 多家，形成了优质粮油、蔬菜、水果、花卉苗木、食用菌和优质畜禽、水产品、中药材等生产基地。2008 年末，全市总人口 60 万人，人口城镇化率为 33.33%；实现地区生产总值 136.57 亿元，三次产业比重为 15.4∶53.4∶31.2。其中，第一产业实现增加值 21.03 亿元，增长 4.1%；第二产业实现增加值 72.98 亿元，增长 21.5%；第三产业实现增加值 42.56 亿元，增长 10.8%；三次产业对经济增长的贡献率分别为 3.88%、72.41% 和 23.71%。2009 年广汉市农业生产稳定发展，农民生活进一步改善，农村居民人均纯收入为 6 040 元，比上年增长 8.4%。其中，工资性收入所占的比重为 38.55%，家庭经营收入的比重为 51.80%，农业收入占家庭经营性收入的 70.85%。

6. 双流县基本情况

双流县位于成都平原腹地，三面环绕成都，县城距成都市区 10 公里。

全县辖21个镇、3个街道办事处，土地总面积1 032平方公里，其中耕地面积65万亩。双流县连续13年名列全省"十强县"榜首；县域经济基本竞争力全国排位33位，位居中西部第一；全国中小城市综合实力百强排名第29位；最具投资潜力百强排名第8位；同时也是我国四大国际航空港之一。2008年全县户籍人口96.61万人，人口城镇化率达到52.71%。全县实现地区生产总值337.62亿元，比上年增长15.2%。其中，第一产业实现增加值27.84亿元，增长5.9%；第二产业实现增加值179.07亿元，增长19.0%；第三产业实现增加值130.7亿元，增长12.0%。三次产业结构为8.2∶53.1∶38.7，对地区国民经济增长的贡献率分别为3.1%、64.9%和32%。2009年双流县农业经济持续增长，全县实现农业总产值50.36亿元；粮食总产量30.03万吨、肉类总产量9.73万吨、油料总产量2.6万吨、蔬菜总产量47.62万吨；农村居民人均纯收入为7 718元，比上年增长8.3%。其中，工资性收入所占的比重为42.14%，家庭经营收入的比重为42.23%，农业收入占家庭经营性收入的63.51%。

各样本县的基本情况如表5-2所示。

表5-2   样本县（市）的基本情况

县（市）	地区生产总值（亿元）	第一产业增加值比重（%）	第二、三产业增加值比重（%）	农民人均纯收入（元）	工资性收入比重（%）	家庭经营性收入比重（%）
兴化市	320.48	14.92	84.98	7 741	50.39	46.03
常熟市	1 230.70	2.19	98.54	12 985	66.69	23.84
郸城县	120.03	28.74	71.26	3 915	—	—
长垣县	128.40	14.49	85.51	6 281	—	—
广汉市	136.57	15.40	84.60	6 040	38.55	51.80
双流县	337.62	8.25	91.75	7 718	42.14	42.23

资料来源：《兴化市统计年鉴（2009）》、《常熟市统计年鉴（2010）》、《郸城县2009年主要经济指标》、《长垣县统计年鉴（2008～2009）》、《广汉市统计年鉴（2010）》、《双流县统计年鉴（2008～2009）》。

5.2.2 样本村庄的基本情况

此次调查涉及21村庄，其中城郊村4个，占19%，近郊村9个，占

43%，远郊村 8 个，占 38%。调查村平均每村农户数 669 户，平均每村人口 2 338 人，平均每户 4 人，平均每村劳动力 1 323 人；调查村平均每村耕地面积 2 451 亩，其中有效灌溉面积 2 431 亩，占 99.2%。调查村人均耕地面积 1.05 亩。调查村平均每村农技人员数 5 个。调查村平均每村村企个数为 5 个，村企从业人数平均 151 人，村企年平均利润约 842 万元。

在所调查的 21 个村庄中，村村通公路、通电话；20 个村能上网、能接收电视节目；21 个村有卫生所，19 个村有小学，17 个村有农技服务人员。调查村距最近集贸市场的平均距离为 7 公里，最近的 3 公里，最远的 10 公里。调查村距县城的平均距离为 17 公里，最近的 5 公里，最远的 50 公里。

5.3 样本农户收入与相关因素分析

通过前述分析可知，农户的收入主要来源于两部分，即家庭经营性收入和工资性收入。家庭经营性收入来源于农户家庭的农业收入与非农收入两部分，主要受农户当期的家庭经营性投入、耕地面积、劳动力的数量、劳动力的平均受教育程度、劳动力的平均年龄、农业投入占家庭经营性投入的比例以及粮食播种面积占总播种面积的比例等因素的影响。工资性收入来源于外出务工，主要受农户家庭劳动力年内平均外出务工时间、劳动力的平均年龄、劳动力平均受教育年限的影响。此外，农户家庭所处的地域、规模、劳动力负担系数、农户家庭特征、是否接受技术培训、是否参加农业专业合作组织对农户收入也有一定的影响。因此，将这六项也纳入农户收入的相关因素。根据调查数据具体分析如下。

5.3.1 农户家庭规模与收入的关系

从样本农户家庭规模情况来看，平均每个农户家庭有 4 人，最小的家庭为 1 人，最大的家庭为 12 人（见表 5 - 3）。样本农户家庭规模大多数为 3 ~ 5 人，占样本总体的 66.43%。其中，样本农户家庭规模为 5 人的占样本总体的32.51%，其家庭结构绝大多数为2个老人，一对夫妇及一个孩子；样本农户家庭规模为4人的占样本总体的17.14%，其家庭结构绝大多数为1个老人，一对夫妇及一个孩子；样本农户家庭规模为3人的占样本总体的16.78%，其家庭结构绝大多数为一对夫妇及一个孩子。家庭规模为1人、2人和6人及以上的样本农户占样本总体的33.50%。其中家庭规模为1人和2人的，其家庭结构大多为与子女分开居住的老人。而家庭规模为6人及以上的为多代成员共所而居的家庭结构。

表5-3   样本农户家庭规模与收入情况

家庭规模	样本户数（户）	样本户所占体比重（%）	人均纯收入（元）
1人	5	0.88	4 633.60
2人	65	11.48	7 307.59
3人	95	16.78	13 069.60
4人	97	17.14	11 544.04
5人	184	32.51	11 285.58
6人及以上	120	21.20	9 350.76

资料来源：根据调查数据整理计算得到。

家庭规模为3人的农户家庭人均纯收入最高，达到13 069.6元；其次为家庭规模为4人的农户家庭，人均纯收入为11 544.04元；第三为家庭规模为5人的农户家庭，人均纯收入为11 285.58元；第四为家庭规模为6人及以上的农户家庭，人均纯收入为9 350.76元；第五为家庭规模为2人的农户家庭，人均纯收入为7 307.59元；家庭规模为1人的农户家庭人均纯收入最低，为4 633.6元。农户家庭人均纯收入与家庭规模不是呈同方向变化。即随着家庭规模的增加农户家庭人均纯收入经历了先增加后减少的过程。

5.3.2 农户家庭劳动力数量与收入的关系

从样本农户家庭拥有的劳动力数量情况来看（见表5-4），平均每个农户家庭拥有3个劳动力，最少拥有1个劳动力，最多拥有8个劳动力。样本农户家庭大多数拥有2~4个劳动力，占样本总体的87.81%；劳动力为1人、5人和6人及以上的样本农户家庭分别占样本总体的2.47%、5.83%和4.06%。

表5-4　　　　　　　　样本农户家庭劳动力数量及收入情况

劳动力数	样本户数（户）	样本户所占比重（%）	人均纯收入（元）
1 人	14	2.47	5 247.39
2 人	175	30.92	7 528.78
3 人	129	22.79	11 999.69
4 人	193	34.10	12 546.77
5 人	33	5.83	13 000.03
6 人及以上	23	4.06	9 682.48

　　资料来源：根据调查数据整理计算得到。

劳动力数量为5人的农户家庭人均纯收入最高，达到13 000.03元；其次为劳动力数量为4人的农户家庭，人均纯收入为12 546.77元；第三为劳动力为3人的农户家庭，人均纯收入为11 999.69元；第四为劳动力数量为6人及以上的农户家庭，人均纯收入为9 682.48元；第五为劳动力数量为2人的农户家庭，人均纯收入为7 528.87元；劳动力为1人的农户家庭人均纯收入最低，为5 247.39元。劳动力数量在5人及以内时农户家庭人均纯收入与家庭劳动力数量的多寡呈同方向变化。当劳动力数量为6人以上时农户家庭劳动力收入有所降低。

5.3.3　农户家庭劳动力负担系数与收入关系

从样本农户家庭劳动力负担系数（劳动力负担系数＝家庭规模/劳动力数）情况来看（见表5-5），劳动力负担系数平均为1.44，最小值为1，最大值为5。样本农户家庭劳动力负担系数大多数在1.0～1.5之间（包括1.5），占样本总体的46.29%；劳动力负担系数为1.0的农户家庭占样本总体的27.74%；劳动力负担系数在1.5～2.0之间（包括2.0）的农户家庭占样本总体的19.26%；劳动力负担系数在2.0以上的农户家庭占样本总体的6.89%。

表 5 - 5 　　　　　样本农户家庭劳动力负担系数及收入情况

劳动力负担系数	样本户数（户）	样本户所占比重（%）	人均纯收入（元）
1	157	27.74	11 367.90
1.0 ~ 1.5	262	46.29	10 937.03
1.5 ~ 2.0	109	19.26	7 651.56
2.0 以上	36	6.89	6 851.17

资料来源：根据调查数据整理计算得到。

劳动力负担系数为 1 的农户家庭（即所有家庭成员均为劳动力，均可获得收入）人均纯收入最高，达到 11 367.90 元；其次为劳动力负担系数在 1.0 ~ 1.5 之间（包括 1.5）的农户家庭，人均纯收入为 10 937.03 元；第三为劳动力负担系数在 1.5 ~ 2.0 之间（包括 2.0）的农户家庭，人均纯收入为 7 651.56 元；劳动力负担系数在 2.0 以上的农户家庭人均纯收入最低，为 6 851.17 元。农户家庭人均纯收入的多少与家庭劳动力负担系数的高低呈反方向变化。

5.3.4 农户家庭劳动力平均年龄与收入关系

从样本农户家庭劳动力平均年龄情况来看（见表 5 - 6），劳动力平均年龄为 45 岁，最小值为 24 岁，最大值为 67 岁。大多数样本农户家庭劳动力平均年龄在 40 ~ 50 岁（包括 50 岁），占样本总体的 40.28%；劳动力平均年龄在 30 ~ 40 岁（包括 40 岁）的农户家庭占样本总体的 35.16%；劳动力平均年龄在 50 ~ 60 岁（包括 60 岁）的农户家庭占样本总体的 13.43%；劳动力平均年龄在 60 岁以上的农户家庭占样本总体的 8.13%；劳动力平均年龄在 20 ~ 30 岁（包括 30 岁）的农户家庭占样本总体的 3.00%。

表 5 - 6 　　　　　样本农户家庭劳动力平均年龄及收入情况

劳动力平均年龄	样本户数（户）	样本户所占比重（%）	人均纯收入（元）
20 ~ 30 岁	17	3.00	11 438.95
30 ~ 40 岁	199	35.16	10 301.14
40 ~ 50 岁	228	40.28	10 882.52
50 ~ 60 岁	76	13.43	9 648.52
60 岁以上	46	8.13	4 305.70

资料来源：根据调查数据整理计算得到。

劳动力平均年龄在 20～30 岁的农户家庭人均纯收入最高，达到 11 438.95 元；其次为劳动力平均年龄在 40～50 岁的农户家庭，人均纯收入为 10 882.52 元；第三为劳动力平均年龄在 30～40 岁的农户家庭，人均纯收入为 10 301.14 元；第四为劳动力平均年龄在 50～60 岁的农户家庭，人均纯收入为 9 648.52 元；劳动力平均年龄在 60 岁以上的农户家庭人均纯收入最低，仅为 4 305.70 元。随着农户家庭劳动力平均年龄的增长，农户家庭人均纯收入有下降的趋势。

5.3.5 农户家庭劳动力平均受教育年限与收入关系

从样本农户家庭劳动力平均受教育年限情况来看（见表 5 - 7），劳动力平均受教育年限为 8 年，最低的为 0 年，最高为 15 年。大多数农户家庭劳动力平均受教育年限为 6～9 年（包括 9 年），占样本总体的 52.12%；劳动力平均受教育年限为 9～12 年（包括 12 年）的农户家庭占样本总体的 23.85%；劳动力平均受教育年限低于 6 年（包括 6 年）的农户家庭占样本总体的 22.26%；劳动力平均受教育年限超过 12 年的农户家庭占样本总体的 1.94%。据调查了解农户家庭劳动力平均受教育水平与平均年龄呈反方向变化，年龄越高平均受教育年限越低。

表 5 - 7　　　　样本农户家庭劳动力平均受教育年限及收入情况

劳动力平均受教育年限	样本户数（户）	样本户所占比重（%）	人均纯收入（元）
0～6 年	126	22.26	6 628.30
6～9 年	295	52.12	9 781.63
9～12 年	135	23.85	15 444.19
12 年以上	11	1.94	18 519.47

资料来源：根据调查数据整理计算得到。

劳动力平均受教育年限超过 12 年的农户家庭人均纯收入最高，达到 18 519.47 元；其次为劳动力平均受教育年限为 9～12 年的农户家庭，人均纯收入为 15 444.19 元；第三是劳动力平均受教育年限为 6～9 年的农户家庭，人均纯收入为 9 781.625 元；劳动力平均受教育年限低于 6 年的农户家庭人均纯收入最低，为 6 628.3 元。随着劳动力平均受教育年限的增加，农户家庭人均纯收入不断增加。

5.3.6　农户家庭劳动力年内平均外出务工时间与收入关系

从样本农户家庭劳动力年内平均外出务工时间情况来看（见表 5-8），劳动力年内外出务工时间平均为 5.58 个月。其中最低为 0 个月，最高为 12 个月。劳动力年内外出务工时间处于 0~4 个月之间（包括 4 个月）的农户家庭占样本总体的 35.69%；劳动力年内外出务工时间在 4~8 个月（包括 8 个月）的农户家庭占样本总体的 41.70%；劳动力年内外出务工时间在 8~12 个月（包括 12 个月）的农户家庭占样本总体的 22.61%。大多数农户家庭劳动力年内外出务工时间处于 0~8 个月（包括 8 个月），占样本总体的 77.39%。

表 5-8　　　样本农户家庭劳动力年内平均外出务工时间及收入情况

劳动力年内平均 外出务工时间	样本户数 （户）	样本户所占比重 （%）	人均纯收入 （元）
0~4 个月	202	35.69	7 504.28
4~8 个月	236	41.70	10 547.61
8~12 个月	128	22.61	12 721.81

资料来源：根据调查数据整理计算得到。

农户家庭劳动力年内外出务工时间在 8 个月以上的农户家庭人均纯收入最高，达到 12 721.81 元；劳动力年内外出务工时间在 4~8 个月（包括 8 个月）的农户家庭人均纯收入为 10 547.61 元，位居第二；劳动力年内外出务工时间在 0~4 个月（包括 4 个月）的农户家庭人均纯收入最低，为 7 504.28 元。随着劳动力年内外出务工时间的增加，农户家庭人均纯收入也逐步增加。

5.3.7　农户家庭经营性投入与收入关系

从样本农户家庭经营性投入的情况来看（见表 5-9），每个农户家

庭经营性投入的平均值为 15 444.55 元，其中最少的为 0 元，最多的为
700 000 元。家庭经营性投入低于 5 000 元的农户家庭占样本总体的
64.66%；家庭经营性投入为 5 000 ~ 10 000 元（包括 10 000）的农户家庭
占样本总体的 15.90%；家庭经营性投入为 10 000 ~ 50 000 元（包括
50 000）的农户家庭占样本总体的 12.37%；家庭经营性投入为 50 000 元
以上的农户家庭占样本总体的 6.89%。

表 5 - 9 样本农户家庭经营性投入及收入情况

家庭经营性投入（元）	样本户数（户）	样本户所占比重（%）	人均纯收入（元）
0 ~ 5 000	366	64.66	8 397.25
5 000 ~ 10 000	90	15.90	10 408.86
10 000 ~ 50 000	71	12.37	10 724.65
50 000 以上	39	6.89	22 699.05

资料来源：根据调查数据整理计算得到。

家庭经营性投入为 50 000 元以上的农户家庭人均纯收入最高，为
22 699.05 元；其次为家庭经营性投入为 10 000 ~ 50 000 元（包括 10 000）
的农户家庭，人均纯收入为 10 724.65 元；第三为家庭经营性投入为 5 000 ~
10 000 元的农户家庭，人均纯收入为 10 408.866 元；家庭经营性投入低于
5 000 元的农户家庭人均纯收入最低，为 8 397.253 元。随着家庭经营性投
入的增加，农户家庭人均纯收入也逐步增加。

5.3.8 农户家庭农业投入占家庭经营性投入比例与收入关系

从样本农户家庭农业投入占家庭经营性投入比例情况来看（见表
5 - 10），农户家庭农业投入占家庭经营投入的比例平均为 83%，最低为
0，最高为 100%。大多数家庭农业投入占家庭经营性投入的比例超过了
50%，占样本总体的 81.80%；农业投入占家庭经营性投入的比例在
10% ~ 50%（包括 50%）的农户家庭占样本总体的 4.42%；农业投入占家
庭经营性投入的比例在 0 ~ 10%（包括 10%）的农户家庭占样本总体
的 13.78%。

表5-10　　　　　样本农户农业投入占家庭经营性投入比例及收入情况

农业投入占家庭经营性投入比重	样本户数（户）	样本户所占比重（%）	人均纯收入（元）
0～10%	78	13.78	13 830.02
10%～50%	25	4.42	12 795.24
50%以上	463	81.80	9 488.60

资料来源：根据调查数据整理计算得到。

农业投入占家庭经营性投入的比例在0～10%之间的农户家庭人均纯收入最高，为13 830.02元；其次为农业投入占家庭经营性投入的比例在10%～50%之间的农户家庭，人均纯收入为12 795.24元；农业投入占家庭经营性投入的比例超过50%的农户家庭人均纯收入最低，为9 488.60元。随着农业投入占家庭经营性投入比例的增加，农户家庭人均纯收入逐步减少。

5.3.9　农户家庭耕地面积与收入关系

从样本农户家庭耕地面积（包括自有耕地和租种他人耕地）情况来看（见表5-11），平均每个农户家庭的耕地面积为9.88亩，最少的为0亩，最多的为1 120亩。大多数农户家庭耕地面积在5亩以内，占到样本总体的62.01%；20.49%的农户家庭耕地面积为5～10亩；5.65%的农户家庭耕地面积为10～15亩；1.41%的农户家庭耕地面积为15～40亩；0.88%的农户家庭耕地面积超过40亩；9.54%的农户家庭耕地被征用或流转。据调查了解，耕地面积超过15亩的农户家庭均不同程度地租种他人耕地。

表5-11　　　　　　　样本农户家庭耕地面积及收入情况

耕地面积	样本户数（户）	样本户所占比重（%）	户均耕地面积（亩）	人均纯收入（元）
0	54	9.54	0	13 486.57
0～5亩	351	62.01	2.91	10 347.44
5～10亩	116	20.49	7.52	9 242.432
10～15亩	32	5.65	12.91	9 265.819
15～40亩	8	1.41	20.25	11 492.96
40亩以上	5	0.88	624.8	45 844.01

资料来源：根据调查数据整理计算得到。

没有耕地的农户家庭人均纯收入为 13 486.57 元；耕地面积为 0 ~ 5 亩的农户家庭户均耕地面积为 2.91 亩，人均纯收入为 10 347.44 元；耕地面积为 5 ~ 10 亩的农户家庭户均耕地面积为 7.52 亩，人均纯收入为 9 242.432 元；耕地面积为 10 ~ 15 亩的农户家庭户均耕地面积为 12.91 亩，人均纯收入为 9 265.819 元；耕地面积为 15 ~ 40 亩的农户家庭户均耕地面积为 20.25 亩，人均纯收入为 11 492.96 元；耕地面积超过 40 亩的农户家庭户均耕地面积为 624.8 亩，人均纯收入为 45 844.01 元。

耕地面积在 5 亩以内的农户家庭人均纯收入要高于耕地面积为 5 ~ 15 亩的农户家庭，而低于耕地面积达到 15 亩以上的农户家庭。随着耕地面积的增加，农户家庭人均纯收入经历了先减少后增加的过程。而且当耕地规模达到一定程度时，农民收入将大幅度提高。

5.3.10 农户家庭粮食播种面积占总播种面积的比例与收入关系

从样本农户家庭粮食播种面积占总播种面积的比例情况来看（见表 5 - 12），农户家庭粮食播种面积占总播种面积的比例平均为 66%，最低为 0，最高为 100%。大多数家庭粮食播种面积占总播种面积的比例超过了 50%，占样本总体的 57.24%；粮食播种面积占总播种面积的比例在 10% ~ 50%（包括 50%）的农户家庭占样本总体的 21.38%；粮食播种面积占总播种面积的比例在 0 ~ 10%（包括 10%）的农户家庭占样本总体的 21.38%。

表 5 - 12　　　　样本农户家庭粮食播种面积占总播种面积的比例及收入情况

粮食播种面积占总播种面积的比重	样本户数（户）	样本户所占比重（%）	人均纯收入（元）
0 ~ 10%	121	21.38	12 461.99
10% ~ 50%	121	21.38	10 279.35
50% 以上	324	57.24	8 966.67

资料来源：根据调查数据整理计算得到。

粮食播种面积占总播种面积的比例在 0 ~ 10% 的农户家庭人均纯收

入最高，为 12 461.99 元；其次为粮食播种面积占总播种面积的比例在 10%～50% 的农户家庭，人均纯收入为 10 279.35 元；粮食播种面积占总播种面积的比例超过 50% 的农户家庭人均纯收入最低，为 8 966.67 元。随着粮食播种面积占总播种面积的比例的增加，农户家庭人均纯收入逐步减少。

5.3.11 农户家庭是否接受农业技术培训与收入关系

从农户家庭是否接受农业技术培训的情况来看（见表 5 – 13），接受农业技术培训的农户占到样本总体的 44.35%；未接受技术培训的农户占到样本总体的 55.65%。

表 5 – 13　　　　　样本农户家庭是否接受农业技术培训与收入情况

是否接收农业技术培训	样本户数（户）	样本户所占比重（%）	人均纯收入（元）
接受农业技术培训的农户	251	44.35	10 557.71
未接受农业技术培训的农户	315	55.65	9 955.19

资料来源：根据调查数据整理计算得到。

接受农业技术培训农户的家庭人均纯收入较高，达到 10 557.71 元。其中家庭经营性收入为 3 486.75 元，占纯收入的 33.03%；工资性收入为 6 898.55 元，占纯收入的 65.34%。没有接受农业技术培训农户家庭人均纯收入较低，为 9 955.19 元。其中家庭经营性收入为 2 649.70 元，占纯收入的 26.62%；工资性收入为 6 748.25 元，占纯收入的 67.79%。由此可见，接受农业技术培训农户家庭的人均纯收入和人均家庭经营性收入都要高于未接受农业技术培训的农户家庭。农业技术培训对于增加农民收入具有正向的促进作用。

5.3.12 农户家庭是否参加农业合作社与收入关系

从样本农户家庭是否参加农业合作社的情况来看（见表 5 – 14），参加农业合作社的农户占到样本总体的 6.18%；未参加农业合作社的农户占到样本总体的 93.82%。

表 5-14　　　　　　　样本农户家庭是否参加合作社与收入情况

农户家庭是否参加合作社	样本户数（户）	样本户所占比重（%）	人均纯收入（元）
参加合作社的农户	35	6.18	15 336.02
未参加合作社的农户	531	93.82	9 937.20

资料来源：根据调查数据整理计算得到。

　　参加农业合作社的农户家庭人均纯收入较高，达到 15 336.02 元。其中家庭经营性收入为 9 286.19 元，占人均纯收入的 60.55%；工资性收入为 5 973.64 元，占人均纯收入的 38.95%。没有参加农业合作社农户家庭人均纯收入较低，为 9 937.02 元。其中家庭经营性收入为 2 612.35 元，占纯收入的 26.29%；工资性收入为 6 918.85 元，占纯收入的 69.63%。由此可见，参加农业合作社农户家庭的人均纯收入和人均家庭经营性收入都要高于未参加农业合作社农户家庭。农业合作社对于增加农民收入具有正向的促进作用。

5.3.13　农户家庭特征与收入关系

　　从样本农户家庭特征情况来看（见表 5-15），纯农业户占到样本总体的 9.54%；兼业户占到样本总体的 81.63%；非农业户占到样本总体的 8.83%。

表 5-15　　　　　　　样本农户家庭特征及收入情况

农户家庭特征	样本户数（户）	样本户所占比重（%）	人均纯收入（元）
纯农业户	54	9.54	5 406.50
兼业户	462	81.63	10 539.97
非农业户	50	8.83	13 039.94

资料来源：根据调查数据整理计算得到。

　　非农业户的家庭人均纯收入最高，达到 13 039.94 元；其次为兼业户，人均纯收入 10 539.97 元；纯农业户家庭人均纯收入最低，仅有 5 406.50 元。由此可见，农户家庭特征对农民收入也有一定的影响。

5.3.14 农户家庭所处地域特征与收入关系

从样本农户所处地域特征情况来看（见表5－16），江苏省样本农户占到样本总体的32.51%；河南省样本农户占到样本总体的34.81%；四川省样本农户占到样本总体的32.69%。

表5－16 样本农户家庭所处地域特征及收入情况

农户家庭地域特征	样本户数（户）	样本户所占比重（%）	人均纯收入（元）
江苏省农户	184	32.51	13 289.86
河南省农户	197	34.81	6 886.57
四川省农户	185	32.69	10 844.21

资料来源：根据调查数据整理计算得到。

江苏省样本农户家庭的人均纯收入最高，达到13 289.86元；其次为四川省样本农户，家庭人均纯收入10 844.21元；河南省样本农户家庭人均纯收入最低，仅为6 886.57元。由此可见，农户家庭地域特征也是影响农户收入的重要因素。

5.4 基于收入决定方程的农户收入影响因素分析

5.4.1 模型的设定

以上分析只是对影响农户收入的各种因素做了简单的单因素分析，而农户收入是多种因素共同作用的结果。为了进一步定量分析和验证笔者在上一节农户收入与相关因素关系分析中所观察到的现象，笔者将在本节通过建立农户收入决定方程来进一步定量分析各个因素对农户收入的影响。鉴于本书采用的是横截面数据，价格因素在估计方程中对农户收入的影响较弱，故本书对价格因素不予考虑。农户家庭是否接受农业技术培训、是否参加农业专业合作社以及农户的家庭特征和所处的地域在农户收入的决定方程中设定为相应的虚变量。

由于对收入变量取对数后与收入的原值相比，收入的分布更加趋近于正态分布，符合 OLS 回归对于残差项正态分布的要求，因此在构造农户收入决定方程时笔者对收入变量进行了对数变换。笔者未对自变量取对数，是因为考虑到双对数模型相对于这种半对数模型来讲没有显著的拟合优度差异（Wan，2004；Wan，Lu and Chen，2007）。而且半对数模型是一个非线性的模型，可以避免线性模型在分解过程中常数项对收入差异贡献的处理。因为常数项对收入差异是否具有贡献在理论上是存在争议的。而选用半对数模型，在待分解的方程中，常数项将转化为一个常数乘积项，对收入差异的贡献没有影响（赵剑治，2009）。因此，本章建立的农户收入决定方程如下：

$$\ln(Y) = f(x_1, x_2, x_3, x_4, x_5, x_6, x_7, x_8, x_9, x_{10}, x_{11}, x_{12}, H_i, D_i) + \varepsilon$$

式中，被解释变量 Y 为农户家庭人均纯收入；

X_1：为农户家庭规模；

X_2：为农户家庭劳动力数量；

X_3：为农户家庭劳动力负担系数；

X_4：为农户家庭劳动力的平均年龄；

X_5：为农户家庭劳动力平均受教育年限；

X_6：为农户家庭劳动力年内平均外出务工时间；

X_7：为农户家庭经营性投入；

X_8：为农户家庭农业投入占家庭经营性投入的比例；

X_9：为农户家庭户均耕地面积；

X_{10}：为农户家庭粮食播种面积占总播种面积的比例；

X_{11}：为农户家庭是否接受技术培训；

X_{12}：为农户家庭是否加入农业专业合作社；

H_i：为农户家庭特征虚拟变量（$H_1 = 1$ 时代表纯农户，其他农户取值为 0；$H_2 = 1$ 时代表兼业户，其他农户取值为 0；$H_3 = 1$ 时代表非农户，其他农户取值为 0）；

D_i：为农户家庭所处地域特征虚拟变量（$D_1 = 1$ 时代表江苏省的农户，其他农户取值为 0；$D_2 = 1$ 时代表河南省的农户，其他农户取值为 0；$D_3 =$

1 时代表四川省的农户，其他农户取值为 0）。

5.4.2 数据的来源、统计特征及预期方向

模型中所用的数据为笔者对我国东部江苏省、中部河南省和西部四川省三省 6 个县（市）566 户农户 2010 年相关情况的调查数据。各变量的统计特征及对农户家庭人均纯收入影响的预期方向如表 5 – 17 所示。各变量分地区和分收入组的统计特征如表 5 – 18 所示。其中需要说明的是，因调研点的选取，四川省样本农户家庭人均纯收入水平较高。

╲ 表 5 – 17 变量的统计特征

变量名称	观测值	最小值	最大值	均值	标准差	预期方向
（Y）人均纯收入	566	666.67	69 000	10 271.05	8 004.9	
（X_1）家庭规模	566	1	12	4.49	1.68	不确定
（X_2）劳动力数量	566	1	8	3.23	1.17	正
（X_3）劳动力负担系数	566	1	5	1.44	0.44	负
（X_4）劳动力的平均年龄	566	24	67	44.51	9.5	负
（X_5）劳动力平均受教育年限	566	0	15	8.07	2.36	正
（X_6）劳动力年均外出务工时间	566	0	12	5.58	3.47	正
（X_7）家庭经营性投入	566	0	700 000	15 444.55	51 009.95	正
（X_8）农业投入占家庭经营性投入的比例	566	0	1	0.83	0.36	负
（X_9）户均耕地面积	566	0	1 120	9.88	68.38	正
（X_{10}）粮食播种面积占总播种面积的比例	566	0	1	0.66	0.4	负
（X_{11}）是否接受技术培训	566	0	1	0.45	0.5	正
（X_{12}）是否加入农业专业合作社	566	0	1	0.06	0.24	正
（H_1）农户家庭经营特征：纯农户	566	0	1	0.10	0.29	不确定
（H_2）农户家庭经营特征：兼业户	566	0	1	0.82	0.37	不确定
（H_3）农户家庭经营特征：非农户	566	0	1	0.09	0.28	不确定
（D_1）农户家庭地域特征：江苏省	566	0	1	0.34	0.47	不确定
（D_2）农户家庭地域特征：河南省	566	0	1	0.35	0.48	不确定
（D_3）农户家庭地域特征：四川省	566	0	1	0.31	0.46	不确定

表5-18 分地区和分收入组变量的统计特征

变量名称	江苏省均值	河南省均值	四川省均值	低收入组均值	高收入组均值
（Y）人均纯收入	13 289.86	6 886.57	10 844.21	5 108.29	15 507.30
（X_1）家庭规模	4.39	4.87	4.18	4.48	4.50
（X_2）劳动力数量	3.35	3.39	2.91	2.96	3.51
（X_3）劳动力负担系数	1.32	1.50	1.50	1.56	1.31
（X_4）劳动力的平均年龄	47.52	43.31	42.61	45.66	43.35
（X_5）劳动力平均受教育年限	9.22	8.59	7.56	7.21	8.94
（X_6）劳动力年均外出务工时间	5.58	4.24	7.11	4.33	15.51
（X_7）家庭经营性投入	21 937.91	7 559.68	17 368.80	5 596.09	25 433.20
（X_8）农业投入占家庭经营性投入比例	0.78	0.94	0.75	0.89	0.76
（X_9）户均耕地面积	4.31	6.00	2.22	4.34	15.41
（X_{10}）粮食播种面积占总播种面积比例	0.69	0.92	0.33	0.41	0.48
（X_{11}）是否接受技术培训	0.48	0.66	0.17	0.05	0.08
（X_{12}）是否加入农业专业合作社	0.08	0.04	0.07	0.16	0.03
（H_1）农户家庭特征虚拟变量：纯农户	0.07	0.16	0.05	0.16	0.03
（H_2）农户家庭特征虚拟变量：兼业户	0.87	0.82	0.75	0.78	0.85
（H_3）农户家庭特征虚拟变量：非农户	0.05	0.03	0.19	0.06	0.12

注：农户收入组分类是根据农户家庭人均纯收入排序均等地分为高收入组和低收入组两组。

5.4.3 模型估计结果分析

根据上述模型，运用 Stata 11 软件对样本总体的人均纯收入以及分地区和分收入组农户人均纯收入进行回归的估计结果如表 5-19 所示。在模型回归的过程中发现，"家庭规模"与"劳动力负担系数"两个自变量存在严重的共线性，所以，没有将"劳动力负担系数"放入农户收入影响因素的回归方程。

表 5 – 19　　　　　　　　农户收入决定因素的回归结果

变量	总体	江苏省	河南省	四川省	低收入组	高收入组
	R1	R2	R3	R4	R5	R6
x_1 家庭规模	– 0. 0966 * (– 1. 938)	– 0. 0315 (– 0. 333)	– 0. 231 *** (– 3. 943)	– 0. 0494 (– 0. 531)	– 0. 0483 (– 0. 810)	– 0. 0174 (– 0. 322)
x_2 劳动力数量	0. 125 * (1. 750)	0. 0229 (0. 177)	0. 230 *** (2. 640)	0. 105 (0. 762)	0. 00721 (0. 0792)	0. 0274 (0. 367)
x_4 劳动力的平均年龄	– 0. 00409 (– 1. 278)	0. 00283 (0. 554)	– 9. 63e-05 (– 0. 0198)	– 0. 00490 (– 0. 756)	– 0. 00936 ** (– 2. 462)	0. 00263 (0. 992)
x_5 劳动力平均受教育年限	0. 0786 *** (7. 180)	0. 121 *** (6. 282)	0. 0783 *** (5. 138)	0. 0383 * (1. 797)	0. 0243 * (1. 706)	0. 0602 *** (5. 606)
x_6 劳动力年均外出务工时间	0. 0947 *** (6. 776)	0. 0795 *** (3. 599)	0. 0581 ** (2. 007)	0. 189 *** (8. 368)	0. 0940 *** (5. 322)	0. 0313 * (1. 784)
x_7 家庭经营性投入	0. 0369 *** (4. 489)	0. 0311 *** (2. 621)	0. 0110 *** (5. 086)	0. 0258 ** (2. 507)	0. 0114 *** (4. 289)	0. 0221 *** (4. 955)
x_8 农业投入占家庭经营性投入的比例	– 0. 156 (– 1. 598)	– 0. 305 ** (– 2. 035)	– 0. 0827 (– 0. 551)	– 0. 0549 (– 0. 301)	– 0. 198 (– 1. 613)	– 0. 0197 (– 0. 221)
x_9 户均耕地面积	0. 0105 * (1. 812)	0. 0314 *** (4. 372)	0. 0337 *** (4. 644)	0. 0110 * (1. 687)	0. 0389 *** (4. 886)	0. 00932 ** (2. 475)
x_{10} 粮食播种面积占总播种面积的比例	– 0. 327 *** (– 5. 071)	– 0. 252 *** (– 3. 311)	– 0. 566 *** (– 2. 990)	– 0. 659 *** (– 3. 305)	– 0. 634 *** (– 4. 519)	– 0. 113 * (– 1. 768)
x_{11} 是否接受技术培训	0. 0552 (1. 286)	– 0. 0531 (– 0. 790)	0. 0998 (1. 405)	0. 126 (1. 616)	0. 0302 (0. 566)	– 0. 0338 (– 0. 763)
x_{12} 是否加入农业专业合作社	0. 138 (1. 522)	0. 221 (1. 631)	0. 0921 (0. 729)	0. 0739 (0. 401)	0. 206 * (1. 673)	0. 0360 (0. 422)
h_1 纯农户		– 0. 0193 (– 0. 0527)	– 0. 685 *** (– 3. 044)			– 0. 199 (– 1. 118)
h_2 兼业户	0. 438 *** (3. 711)	0. 350 (1. 426)	– 0. 150 (– 0. 717)	– 0. 123 (– 0. 586)	0. 374 *** (3. 298)	0. 0399 (0. 345)
h_3 非农户	0. 267 (1. 457)			– 0. 311 (– 1. 017)	0. 0120 (0. 0582)	
d_1 江苏省	0. 500 *** (8. 798)					0. 163 *** (2. 863)
d_2 河南省	0. 0602 (0. 904)				– 0. 347 *** (– 4. 721)	
d_3 四川省				– 0. 597 *** (– 5. 896)		– 0. 0119 (– 0. 167)
常数项	8. 270 *** (21. 70)	8. 874 *** (15. 10)	8. 018 *** (15. 56)	8. 673 *** (11. 30)	9. 440 *** (19. 15)	9. 246 *** (27. 27)
观测值	566	191	200	175	283	283
调整后的 R^2	0. 669	0. 598	0. 757	0. 617	0. 607	0. 456

注：（1）括号内为 t 值。

　　（2）*** 、** 和 * 分别代表在 1% 、5% 和 10% 的置信水平上显著。

从模型的估计结果可以看出，模型调整后的 R^2 分别为 0.669、0.598、0.757、0.617、0.607 以及 0.456，这对于截面数据来说是一个较为理想的结果。同时模型的估计结果与 5.3 节的简单分析结果基本一致，且大多数因素对农户收入影响的方向与预期方向也基本一致。

1. 从样本总体农户家庭人均纯收入的回归估计结果（R_1）来看

农户家庭规模、劳动力数量、劳动力的平均受教育年限、劳动力年内平均外出务工时间、农户家庭经营性投入、户均耕地面积、粮食播种面积占总播种面积的比例以及兼业型农户特征虚变量和江苏省特征虚变量对农户人均纯收入的影响较为显著。其中，劳动力的数量、劳动力年内平均外出务工时间、劳动力的平均受教育年限、家庭经营性投入、户均耕地面积、兼业型农户特征虚变量和江苏省特征虚变量同农户家庭人均纯收入呈正相关关系。在其他变量保持不变的条件下：农户家庭每增加 1 个劳动力（3.23 × 30.96%），人均纯收入平均增加 397.47 元（10 271.05 × 12.5% × 30.96%）；劳动力年均外出务工时间每增加 1 个月（5.58 × 17.92%），农户人均纯收入平均增加 174.30 元（10 271.05 × 9.47% × 17.92%）；农户家庭劳动力的平均受教育年限每增加 1 年（8.07 × 12.39%），人均纯收入平均增加 100.03 元（10 271.05 × 7.86% × 12.39%）；农户家庭经营性投入每增加 100 元（15 444.55 × 0.65%），人均纯收入平均增加 2.46 元（10 271.05 × 3.69% × 0.65%）。农户户均耕地面积每增加 1 亩（9.88 × 10.12%），人均收入平均增加 10.91 元（10 271.05 × 1.05% × 10.12%）。

与此相反，农户家庭规模、粮食播种面积占总播种面积的比例同农户人均纯收入呈负相关关系。在其他变量保持不变的条件下：农户家庭规模每增加 1 人（4.49 × 22.47%），人均纯收入平均减少 222.94 元（10 271.05 × 9.66% × 22.47%）；粮食播种面积占总播种面积的比例每增加 1 个百分点（0.66 × 0.01），人均纯收入平均减少 22.16 元（10 271.05 × 0.66 × 0.01 × 0.327）。

此外，模型中兼业型农户以及江苏省农户两个特征虚变量对农户家庭人均纯收入的估计系数为正，并且在统计上还达到 1% 的显著水平，说明兼业型农户和江苏省农户的增加有利于农户家庭人均纯收入的增加。这可能是因为从农民增收的效果来看：在农户的三种家庭特征中，纯农户是传统的小农经济模式，收入偏低。而兼业户和非农户适应了农村产业结构调整的需要，增收效果较纯农户明显。从表 5 - 15 中可以看出，纯农户家庭的人均纯收入为 5 406.50 元，而兼业户和非农户家庭人均纯收入分别 10 539.97 元和 13 039.94 元。同时，由于目前我国农村土地流转规模不大，因而非农户的比重较少。而兼业户较接近目前我国农村发展的现状，更易于发展。从表 5 - 19 中可以看出，苏、豫、川三省非农户的均值都靠近 0，说明非农户的比重较少；而兼业户的均值都靠近 1，说明兼业户的比重均较大。因此，兼业户对农户家庭人均纯收入具有显著的正向作用；在农户的三种地域特征中，江苏省处于我国东部沿海地区，较好的区位优势及经济条件使得该地区农户的收入水平相对于河南和四川两省要高。从表 5 - 18 中可以看出，苏、豫、川三省农户家庭人均纯收入分别为 13 289.86 元、6 886.57 元和 10 844.21 元。因此，江苏省农户对农户家庭人均纯收入同样具有显著的正向作用。

2. 从分地区农户人均纯收入的回归估计结果（R_2、R_3、R_4）来看

江苏省农户人均纯收入的显著影响因素为：劳动力平均受教育年限、劳动力年内平均外出务工时间、农户家庭经营性投入、农业投入占家庭经营性投入的比例、户均耕地面积及粮食播种面积占总播种面积的比例。其中，劳动力的平均受教育年限、劳动力年内平均外出务工时间、户均耕地面积及家庭经营性投入同江苏省农户人均纯收入呈正相关关系。在其他变量保持不变的条件下：劳动力年均外出务工时间每增加 1 个月（5.58 × 17.92%），农户人均纯收入平均增加 189.33 元（13 289.86 × 7.95% × 17.92%）；农户家庭劳动力的平均受教育年限每增加 1 年（9.22 × 10.85%），人均纯收入平均增加 174.48 元（13 289.86 × 12.1% × 10.85%）；农户户均耕地面积每增加 1 亩（4.31 × 23.20%），人均收入平均增加 96.81 元（13 289.86 × 3.14% × 23.20%）。与此相反，农业投入占农户家庭经营性投入的比例以及粮食播种面积占总播种面积的比例同江苏省农户人均纯收入呈负相关关系。在其他变量保持不变的条件下：农业投入占农户家庭经营性投入的比例每增加 1 个百分点（0.78 × 0.01），人均纯收入

平均减少 31.62 元（13 289.865×0.78×0.01×0.305）；粮食播种面积占总播种面积的比例每增加 1 个百分点（0.69×0.01），人均纯收入平均减少 22.10 元（13 289.865×0.66×0.01×0.252）。

河南省农户人均纯收入的显著影响因素为：农户家庭规模、劳动力数量、劳动力平均受教育年限、劳动力年内平均外出务工时间、农户家庭经营性投入、户均耕地面积、粮食播种面积占总播种面积的比例及纯农户特征虚变量。其中，劳动力数量、劳动力平均受教育年限、劳动力年内平均外出务工时间、农户家庭经营性投入、户均耕地面积同河南省农户人均纯收入呈正相关关系。在其他变量保持不变的条件下：农户家庭每增加 1 个劳动力（3.39×29.5%），人均纯收入平均增加 467.25 元（6 886.57×23.0%×29.5%）；劳动力年内平均外出务工时间每增加 1 个月（4.24×23.58%），农户人均纯收入平均增加 94.35 元（6 886.57×5.81%×23.58%）；农户家庭劳动力的平均受教育年限每增加 1 年（8.59×11.64%），人均纯收入平均增加 62.77 元（6 886.57×7.83%×11.64%）；农户户均耕地面积每增加 1 亩（6.00×16.67%），人均纯收入平均增加 38.68 元（6 886.57×3.37%×16.67%）。与此相反，农户家庭规模、粮食播种面积占总播种面积的比例及纯农户的特征虚变量同河南省农户人均纯收入呈负相关关系。在其他变量保持不变的条件下：农户家庭规模每增加 1 人（4.87×20.53%），人均纯收入平均减少 326.59 元（6 886.57×23.1%×20.53%）；粮食播种面积占总播种面积的比例每增加 1 个百分点（0.92×0.01），人均纯收入平均减少 35.86 元（6 886.57×0.92×0.01×0.566）；模型中纯农户的特征虚变量对河南省农户人均纯收入的估计系数为负，并且在统计上达到了 1% 的显著水平。这说明纯农户越多越不利于河南省农户家庭人均纯收入的增长。出现这一现象的原因可能是因为纯农户增收的效果要远低于兼业户和非农户，而河南省纯农户的比重较江苏和四川两省要高。从表 5-18 中可以看出，河南省纯农户的均值为 0.16，而江苏省和四川省的仅为 0.07 和 0.05。

四川省农户人均纯收入的显著影响因素为：劳动力平均受教育年限、劳动力年内平均外出务工时间、农户家庭经营性投入、户均耕地面积以及粮食播种面积占总播种面积的比例。其中，劳动力平均受教育年限、劳动力年内平均外出务工时间、农户家庭经营性投入、户均耕地面积同四川省农户人均纯收入呈正相关关系。在其他变量保持不变的条件下：劳动力年内平均外出务工时间每增加 1 个月（7.11×14.06%），农户人均纯收入平均增加 288.16 元（10 844.21×18.9%×14.06%）；农户家庭劳动力的平均受教育年限每增加 1 年（7.21×13.87%），人均纯收入平均增加 57.60 元（10 844.21×3.83%×13.87%）；农户户均耕地面积每增加 1 亩（2.22×45.05%），人均收入平均增加 53.73 元（10 844.21×1.1%×45.05%）；农户家庭经营性投入每增加 100 元（17 368.80×0.57%），人均纯收入平均增加 29.57 元（10 844.21×2.58%×10.57%）。与此相反，粮食播种面积占总播种面积的比例同四川省农户人均纯收入呈负相关关系。在其他变量保持不变的条件下：粮食播种面积占总播种面积的比例每增加 1 个百分点（0.33×0.03），人均纯收入平均减少 70.75 元（10 844.21×0.33×0.03×0.659）。

3. 从分收入组农户人均纯收入的回归结果（R_5、R_6）来看

低收入组农户家庭人均纯收入的显著影响因素为：农户家庭劳动力的平均年龄、劳动力平均受教育年限、劳动力年内平均外出务工时间、农户家庭经营性投入、户均耕地面积以及粮食播种面积占总播种面积的比例、兼业型农户及河南省和四川省农户特征虚变量。其中，劳动力平均受教育年限、劳动力年内平均外出务工时间、农户家庭经营性投入、户均耕地面积及兼业型农户家庭特征同低收入组农户人均纯收入呈正相关关系。在其他变量保持不变的条件下：劳动力年内平均外出务工时间每增加 1 个月（4.33×23.09%），农户人均纯收入平均增加 110.87 元（5 108.29×9.4%×23.09%）；农户家庭劳动力的平均受教育年限每增加 1 年（7.21×13.87%），人均纯收入平均增加 17.22 元（5 108.29×2.43%×13.87%）；农户户均耕地面积每增加 1 亩（4.34×23.04%），人均收入平均增加 45.78 元（5 108.29×3.89%×23.04%）。农户家庭经营性投入每增加 100 元（5 596.09×1.79%），人均纯收入平均增加 1.04 元（5 108.29×1.14%×1.79%）。模型中兼业型农户家庭特征对低收入组农户家庭人均纯收入的估计系数为正，并且在统计上达到了 1% 的显著水平，说明兼业

户的增加有利于低收入组农户家庭人均纯收入的增长。出现这一现象的原因可能是因为兼业型农户的增收效果较纯农户要高，而且低收入组农户中兼业户的均值也达到了 0.78（见表 5-18）。

与此相反，农户家庭劳动力的平均年龄及粮食播种面积占总播种面积的比例同低收入组农户家庭人均纯收入呈负相关关系。在其他变量保持不变的条件下：劳动力的年龄每增加 1 岁（45.66×2.19%），人均纯收入平均减少 1.04 元（5 108.29×0.93%×2.19%）；粮食播种面积占总播种面积的比例每增加 1 个百分点（0.41×0.02），人均纯收入平均减少 26.56 元（5 108.29×0.41×0.02×0.634）。模型中河南省和四川省农户特征虚变量对低收入组农户家庭人均纯收入的估计系数为负，且在统计上达到了 1% 的显著水平。说明河南省和四川省农户的增多不利于农户家庭人均纯收入的增加。出现这一现象的原因可能是因为河南省和四川省处于我国的中西部地区，相对于东部地区的江苏省而言，河南和四川两省农户家庭的人均收入要偏低，因而河南省和四川省农户的特征虚变量对农户家庭人均纯收入具有显著的负向作用。

高收入组农户家庭人均纯收入的显著影响因素为：劳动力平均受教育年限、劳动力年内平均外出务工时间、农户家庭经营性投入、户均耕地面积以及粮食播种面积占总播种面积的比例。劳动力平均受教育年限、劳动力年内平均外出务工时间、农户家庭经营性投入、户均耕地面积同高收入组农户家庭人均纯收入呈正相关关系。在其他变量保持不变的条件下：劳动力年内平均外出务工时间每增加 1 个月（6.87×14.56%），农户家庭人均纯收入平均增加 70.67 元（15 507.30×3.13%×14.56%）；农户家庭劳动力的平均受教育年限每增加 1 年（8.94×11.19%），人均纯收入平均增加 104.46 元（15 507.30×6.02%×11.19%）；农户户均耕地面积每增加 1 亩（15.41×6.49%），人均纯收入平均增加 9.35 元（15 507.30×0.93%×6.49%）。

与此相反，农户家庭粮食播种面积占总播种面积的比例同高收入组农户家庭人均纯收入呈负相关关系。在其他变量保持不变的条件下，粮食播种面积占总播种面积的比例每增加 1 个百分点（0.48×0.02），人均纯收入平均减少 16.82 元（15 507.30×0.48×0.02×0.113）。

5.4.4 模型估计结果讨论

1. 农户收入影响因素

从对样本农户家庭人均纯收入回归系数的估计结果分析可以看出，无论是对样本总体的回归，还是分地区和分收入组的回归，其结果均显示农户家庭劳动力年内平均外出务工时间、劳动力的平均受教育年限、家庭经营性投入、耕地面积以及粮食播种面积占总播种面积的比例对农户人均纯收入的影响都较为显著。其中，除了粮食播种面积占总播种面积的比例对农户人均纯收入的影响为负向外，其余均为正向影响。而且农户家庭劳动力年内平均外出务工时间和劳动力的平均受教育年限对农户人均纯收入的正向作用要远大于农户家庭经营性投入和耕地面积对农户人均纯收入的正向作用。这说明与农户家庭经营收入相比，工资性收入对农户人均纯收入的影响更大，而且也可能是地区间和不同收入组间农户收入产生差异的重要原因。关于这一点将在下面农户收入差异影响因素分析中得到证实。此外，是否接受农业技术培训、是否加入农业专业合作社对农户人均纯收入影响虽不显著，但对农户家庭人均纯收入作用的方向与预期基本一致。

2. 农户收入影响因素的地区间差异

比较苏、豫、川三省农户家庭人均纯收入回归系数的估计结果可以看出，农户家庭经营性投入、户均耕地面积以及粮食播种面积占总播种面积的比例的估计系数表现出较高的一致性。但是农户家庭规模、劳动力数量、劳动力的平均受教育年限、劳动力年内平均外出务工时间以及农业投入占农户家庭经营性投入比例的估计系数表现出了明显的差异性。

家庭规模是影响河南省农户家庭人均纯收入的显著变量。河南省农户家庭规模均值为4.87，高于江苏省的4.39和四川省的4.18（见表5-18），它对河南省的影响也高于江苏省和四川省。在回归模型中的家庭规模对河南省农户家庭人均纯收入影响的估计系数达到-0.231，并且在统计上达到了1%的显著水平，这一回归系数远高于家庭规模对江苏省（-0.0315）和四川省（-0.0494）两省农户家庭人均纯收入的影响。而且家庭规模对江苏省和四川省农户家庭人均纯收入的影响并不显著。

劳动力的数量是影响河南省农户家庭人均纯收入的显著变量。河南省农户家庭规模均值为 3.39，高于江苏省的 3.35 和四川省的 2.91（如表 5-18 所示），它对河南省农户家庭人均纯收入增长的贡献也高于江苏省和四川省。在回归模型中的劳动力数量对河南省农户家庭人均纯收入影响的估计系数达到 0.230，并且在统计上达到了 1% 的显著水平。这一回归系数远高于劳动力数量对江苏省（0.0229）和四川省（0.105）两省农户家庭人均纯收入的影响。而且劳动力数量对江苏省和四川省农户家庭人均纯收入的影响并不显著。

劳动力平均受教育年限对苏、豫、川三省农户人均纯收入的影响均显著。江苏省农户家庭劳动力的受教育年限要高于河南和四川两省，苏、豫、川三省农户家庭劳动力平均受教育年限的均值分别为 8.59、7.56 和 7.21（如表 5-18 所示），它对江苏省农户家庭人均纯收入增长的贡献要大于河南省和四川省。在回归模型中，劳动力平均受教育年限对江苏省农户家庭人均纯收入影响的估计系数为 0.121，要高于河南省的 0.0783 和四川省的 0.0383。

同样，农户家庭劳动力年内平均外出务工时间对苏、豫、川三省农户家庭人均纯收入的影响均显著。四川省农户家庭劳动力年内平均外出务工时间要多于江苏和河南两省。苏、豫、川三省农户家庭劳动力年内平均外出务工的时间分别为 5.58 个月、4.24 个月和 7.11 个月（如表 5-18 所示），它对四川省农户家庭人均纯收入增长的贡献也要高于江苏和河南两省。在回归模型中，劳动力年内平均外出务工时间对四川省农户家庭人均纯收入影响的估计系数为 0.189，要高于江苏省的 0.0795 和河南省的 0.0581。

苏、豫、川三省农户农业投入占家庭经营性投入的比例均较高，均值分别为 0.78、0.94 和 0.75（如表 5-18 所示）。对于江苏省这样的发达省份，其非农产业发展水平较高，农业生产相对于非农业生产来讲，效益较低。农业投入占农户家庭经营性投入比例是影响江苏省农户家庭人均纯收入的显著变量，在模型中估计系数达到了 -0.305。而农业投入占农户家庭经营性投入比例对河南和四川两省农户家庭人均纯收入的影响并不显著，在模型中河南省的估计系数为 -0.0827，四川省为 -0.0549。

3. 农户收入影响因素的收入组间差异

比较不同收入组农户家庭人均纯收入的回归系数估计结果可以看出，农户家庭劳动力平均受教育年限、劳动力年内平均外出务工时间、农户家庭经营性投资以及粮食播种面积占总播种面积的估计系数较为一致。但劳动力的平均年龄、农业投入占家庭经营总投入的比例、耕地面积的估计系数表现出了明显的差异性。

劳动力平均年龄对低收入组农户家庭人均纯收入的增长表现出显著的负向作用。它对高收入组农户家庭的影响虽不显著，但影响方向与低收入组相反，为正向影响。其中的原因可能为低收入组农户家庭劳动力的平均年龄 (45.66) 要高于高收入组农户家庭 (43.35) （如表 5 - 18 所示）。

农业投入占家庭经营总投入的比例对低收入和高收入组的农户家庭人均纯收入来讲都具有显著的负向作用。低收入组农户家庭农业投入占家庭经营性投入的 89%，而高收入组为 76%（如表 5 - 18 所示），低收入组农户农业投入占家庭经营性总投入的比例要高于高收入组。它对主要从事农业生产的低收入组农户家庭人均纯收入的影响也要高于对高收入组农户家庭的影响。在回归模型中，农业投入占家庭经营总投入的比例对低收入组农户家庭人均纯收入的估计系数为 -0.198，要高于高收入组的 -0.0197。

同样，耕地面积对低收入组和高收入组的农户来讲都具有显著的负向作用。低收入组农户户均耕地面积的均值为 4.43 亩，明显低于高收入组的 15.41 亩（如表 5 - 18 所示），但它对主要从事种植业生产的低收入组农户家庭人均纯收入的影响要高于对高收入组农户家庭的影响。在回归模型中，耕地面积对低收入组农户家庭人均纯收入的估计系数为 0.0389，要高于高收入组的 0.00932。

5.5 基于收入决定方程的农户收入差异影响因素分析

5.5.1 方法的选择

Shapley 值分解方法的思想主要是：将收入决定方程的某一个自变量

（例如 X_1）取样本均值，然后再将 X_1 的平均值和其他变量的实际值一起代入收入决定方程，推测出收入数据，并且计算对应于这个估计收入的差异指数，记做 I'。此时该指数已经不包含 " X_1 " 的影响了。于是可以将 I' 与根据真实数据计算出的收入差距（1）之间的差额作为 X_1 对于收入差异的贡献。如果将 X_1 取了均值后，收入差异缩小了，说明 X_1 是扩大收入差异的因素。它对收入差异的贡献为正；反之则为负（赵剑治，2009）。本书为了进一步分析农户收入决定方程中各显著变量对农户收入产生差异的影响，选用了基于农户收入决定方程回归结果的 Shapley 值分解方法来测算各显著变量对农户收入差异的贡献率。

5.5.2 分解结果分析

根据上述方法，本章运用 Stata 11 软件对上述收入回归方程的显著因素进行 Shapley 值分解，结果如表 5 - 20 所示。

表 5 - 20   基于回归结果的 Shapley 值分解结果

变量	总体			江苏省		
	第 1 轮结果	Shapley 值	贡献率（%）	第 1 轮结果	Shapley 值	贡献率（%）
x_1	0.88	4.80	2.28			
x_2	25.33	12.85	6.09			
x_5	60.36	39.97	18.96	60.36	37.84	21.13
x_6	66.18	47.48	22.52	66.18	60.66	33.87
x_7	35.36	26.44	12.54	35.36	27.88	15.57
x_8				10.46	6.28	3.51
x_9	13.14	7.73	3.66	13.14	7.83	4.37
x_{10}	18.91	14.86	7.05	18.91	8.42	4.70
h_2	16.30	9.76	4.63			
d_1	36.20	30.84	14.63			
残值	- 87.891			- 51.39		
合计	210.85	210.85	100.00	179.11	179.11	100.00

续表

变量	河南省			四川省		
	第1轮结果	Shapley 值	贡献率（%）	第1轮结果	Shapley 值	贡献率（%）
x_1	0.88	13.17	7.31			
x_2	25.33	29.09	16.13			
x_5	60.36	35.26	19.55	60.36	36.38	25.50
x_6	66.18	54.87	30.43	66.18	56.12	39.34
x_7	35.36	29.93	16.60	35.36	32.00	22.43
x_8						
x_9	13.14	7.21	4.00	13.14	7.50	5.26
x_{10}	18.91	10.80	5.99	18.91	10.65	7.47
残值	−39.802			−51.286		
合计	180.33	180.33	100.00	142.65	142.65	100.00

变量	低收入组			高收入组		
	第1轮结果	Shapley 值	贡献率（%）	第1轮结果	Shapley 值	贡献率（%）
x_5	60.36	34.936	16.53	60.36	43.89	21.40
x_6	66.175	40.771	19.29	66.175	56.028	27.32
x_7	35.36	26.78	12.67	35.36	27.13	13.23
x_8						
x_9	13.136	7.4712	3.54	13.136	7.9608	3.88
x_{10}	18.907	12.211	5.78	18.907	11.123	5.42
h_2	16.301	10.109	4.78			
d_1				36.197	34.533	16.84
d_2	50.06	31.974	15.13			
d_3	1.3515	10.358	4.90			
残值	−94.71			−51.138		
合计	211.32	211.32	100.00	205.1	205.1	100.00

对样本总体来讲，农户家庭劳动力年内平均外出务工时间对收入差异贡献最大，为22.52%；其次为劳动力的平均受教育年限，贡献率为18.96%；第三为江苏省的地区虚变量，贡献率为14.63%；第四为家庭经营性投入，贡献率为12.54%；其他依次为粮食播种面积占总播种面积的比例、劳动力数、兼业型农户、耕地面积以及家庭规模，贡献率分别为

7.05%、6.09%、4.63%、3.66%和2.28%。

分地区而言：在江苏省，农户家庭劳动力年内平均外出务工时间对收入差异贡献最大，为33.87%；其次为劳动力的平均受教育年限，贡献率为21.13%；第三为家庭经营性投入，贡献率为15.57%；其他依次为粮食播种面积占总播种面积的比例、耕地面积以及农业投入占家庭经营性投入的比例，贡献率分别为4.70%、4.37%和3.51%。在河南省，农户家庭劳动力年内平均外出务工时间对收入差异贡献最大，为30.43%；其次为劳动力的平均受教育年限，贡献率为19.55%；第三为家庭经营性投入，贡献率为16.60%；其他依次为劳动力数量、家庭规模、粮食播种面积占总播种面积的比例以及耕地面积，贡献率分别为16.13%、7.31%、5.99%和4.00%。在四川省，农户家庭劳动力年内平均外出务工时间对收入差异贡献最大，为39.34%；其次为劳动力的平均受教育年限，贡献率为25.50%；第三为家庭经营性投入，贡献率为22.43%；其他依次为粮食播种面积占总播种面积的比例以及耕地面积，贡献率分别为7.47%和5.26%。

分收入组而言，在低收入组内，农户家庭劳动力年内平均外出务工时间对收入差异贡献最大，为19.29%；其次为劳动力的平均受教育年限，贡献率为16.53%；第三为河南省虚变量，贡献率为15.13%；其他依次为家庭经营性投入、粮食播种面积占总播种面积的比例、四川省虚变量、兼业户农户特征、劳动力的平均年龄以及耕地面积，贡献率分别为12.67%、5.78%、4.90%、4.78%、4.25%和3.54%。在高收入组内，农户家庭劳动力年内平均外出务工时间对收入差异贡献最大，为27.32%；其次为劳动力的平均受教育年限，贡献率为21.40%；第三为江苏省虚变量，贡献率为16.84%；其他依次为家庭经营性投入、粮食播种面积占总播种面积的比例及耕地面积，贡献率分别为13.23%、5.42%和3.88%。

5.5.3　分解结果讨论

基于上述的 Shapley 值分解结果的分析可以看出，在农户收入决定方程的 6 个回归结果中，农户差异的影响因素表现出较高的一致性。即农户家庭劳动力年内平均外出务工的时间是造成农户收入差异最主要的原因。

其次是农户家庭劳动力的平均受教育年限。正如前文研究所看到的，在其他条件不变的条件下，增加劳动力年内平均外出务工的时间和劳动力的受教育年限对农户人均纯收入具有显著的正向作用。因此，农户家庭往往会因为劳动力年内平均外出务工的时间和劳动力受教育年限的差异而最终造成收入的差异。这也意味着如果国家能采取相关的政策促进农村非农产业的发展和加大对农村教育的投资，并适度向落后地区倾斜，则农户收入在增加的同时差异也会逐渐地缩小。

此外，农户家庭所处地域、农户家庭的类型、农户家庭劳动力数量、家庭规模、家庭经营性收入、粮食播种面积占总播种面积的比重、耕地面积也是造成农户收入差异的主要原因。

5.6 本章小结

本章根据笔者对苏、豫、川三省六县（市）566户农户的调查数据，分析了农户收入及差异的主要影响因素。

首先，通过对样本总体及分地区和分收入组的回归分析发现，农户家庭劳动力年内平均务工时间、劳动力的平均受教育年限、家庭经营性投入、耕地面积以及粮食播种面积占总播种面积的比例对农户人均纯收入的影响都较为显著。其中，除了粮食播种面积占总播种面积的比例对农户人均纯收入的影响为负向外，其余均为正向影响。而且农户家庭劳动力年内平均务工时间和劳动力的平均受教育年限对农户人均纯收入的正向作用要远大于农户家庭经营性投入和耕地面积对农户人均纯收入的正向作用。若将前述影响农户收入的显著因素进一步延伸到宏观层面，即表明农民收入不仅受到自身人力资本积累（劳动力的数量和质量）和物质资本积累（家庭经营投入和耕地面积）的影响，还受到当地非农产业（外出务工时间）和农业产业结构（粮食播种面积占总播种面积的比例）等外部因素的影响。

在此基础上，通过比较分地区和分收入组农户家庭人均纯收入的回归结果发现，农户家庭人均纯收入的影响因素在地区之间和不同收入组间也有较为明显的差异。

农户收入影响因素的地区间差异主要表现在：家庭规模、劳动力数量、劳动力的平均受教育年限以及劳动力年内平均外出务工时间、农业投入占农户家庭经营性投入的比例等变量对地区间农户家庭人均纯收入的影响差异较为明显。其中，家庭规模和劳动力的数量是影响河南省农户家庭人均纯收入的显著变量，而对江苏和四川省农户家庭人均纯收入的影响并不显著；劳动力平均受教育年限对江苏省农户家庭人均纯收入增长的贡献要大于河南省和四川省；农户家庭劳动力年内平均外出务工时间对四川省农户家庭人均纯收入增长的贡献要高于江苏和河南两省。农业投入占农户家庭经营性投入比例是影响江苏省农户家庭人均纯收入的显著变量，且对江苏省农户家庭人均纯收入的影响要大于河南和四川两省。

农户收入影响因素的收入组间差异主要表现在：劳动力的平均年龄、农业投入占家庭经营总投入的比例、耕地面积等变量对不同收入组间的农户家庭人均纯收入的影响差异较大。其中，劳动力平均年龄对低收入组农户家庭人均纯收入的增长表现出显著的负向作用，而对高收入组农户家庭的影响不显著，且影响方向与低收入组相反，为正向影响；农业投入占家庭经营总投入的比例以及耕地面积对低收入组和高收入组农户的家庭人均纯收入来讲都具有显著的负向作用，但它对主要从事农业生产的低收入组农户家庭人均纯收入的影响也要高于对高收入组农户家庭的影响。

其次，通过对基于回归方程的 Shapley 值分解结果分析发现，无论对于样本总体还是各个地区或是不同收入组农户差异的影响因素，均表现出较高的一致性。即农户家庭劳动力年内平均外出务工时间是造成农户收入差异的首要因素。其次是农户家庭劳动力的平均受教育年限。农户所处的地域、农户家庭的类型、农户家庭劳动力数量、家庭规模、家庭经营性收入、粮食播种面积占总播种面积的比重、耕地面积也是造成农户收入差异的主要原因。

第 6 章

发达国家促进农民增收政策的启示

　　农民收入问题不是中国特有的，它是任何一个国家在工业化初、中期必然要面对的，例如，美国、欧盟和日本等发达国家（经济体）在其工业化早期阶段也经历过农民收入增长滞缓的问题。为了解决这一问题，美国、欧盟和日本政府采取了一系列促进农民收入增长的支持政策。从政策执行的效果来看，美国、欧盟和日本均较好地解决了农民收入问题。因此，本章对美国、欧盟和日本促进农民增收的农业支持政策进行研究，以期为我国制定有效促进农民增收的政策提供启示和借鉴。

6.1　发达国家促进农民增收的政策

6.1.1　美国

　　1933 年美国《农业调整法》的颁布标志着美国实行农业支持政策的开始。随着美国农业法的多次修订，美国促进农业生产者增收的支持政策也在不断地调整。目前，美国采取的稳定并促进农业生产者增收的政策主要体现在以下几方面：

1. 直接支付和反周期支付

　　1933 年美国《农业调整法》规定，通过实施农产品最低收购价来对农

130

产品实行市场价格支持，以保障农业生产者的利益不受农产品价格的波动而遭受损失。之后，为了履行乌拉圭回合农业协议的承诺，1996 年美国的《联邦农业改进和改革法》通过以历史产量为基础对农业生产者实行直接支付来代替市场价格支持政策，同时采取灵活的种植计划政策（生产灵活性合同补贴）。经历了 7 年的过渡，美国政府于 2002 年颁布了《农业安全和农村投资法》，提出用于农产品生产和价格不挂钩的直接支付政策和反周期支付政策来取代生产灵活性合同补贴。

直接支付政策与农产品的生产和价格不挂钩，是指政府对参与该计划的农业生产者进行直接支付。直接支付额的多少取决于作物的合同面积、单位面积产量以及该种作物的补贴率。具体的计算公式为：直接支付补贴额 = 作物的合同面积 × 单位面积产量的 83.3% × 补贴率。2008 年，美国的新农业法对享受直接支付的作物、合同面积、单位产量以及补贴率都有明确的规定：享受直接支付的作物品种有小麦、大豆、玉米、大麦、高粱、燕麦、陆地棉、大米（长生长周期）、其他油料作物和花生；合同面积为农业生产者与政府签订的可享受直接补贴的面积；单位面积产量是以 2009 作物年（2008 年 11 月至 2009 年 11 月）的产量为基础；补贴率因作物的不同各有差异。

反周期支付政策是因与农产品市场价格反方向运动而得名的。当农产品的市场价格低于政府确定的目标价格时，政府就会向农业生产者进行反周期支付。当农产品的市场价格等于或高于政府确定的目标价格时，政府就不向农业生产者进行反周期支付。反周期支付额的大小取决于单位产品反周期支付额、支付面积和支付单产。具体的计算公式为：反周期支付补贴 = 单位产品反周期支付额 × 支付面积 × 支付单产。其中，单位产品反周期支付额取决于农产品的有效价格与目标价格的差价；支付面积和支付单产的确定与直接支付政策所规定的相同。

直接支付政策和反周期支付政策从根本上保障了美国从事农业生产的农场主可以获得基本的收益。

2. 农业信贷支持

1916 年美国通过了历史上第一个《农业贷款法》，以鼓励农业生产者扩大生产规模。经过近百年的发展,目前美国已经形成了较为完备的农业信贷支持体系。具体包括:联邦土地银行、地方联邦土地银行协会、联邦中间信贷银行、生产信贷公司以及合作社银行等。农业生产者的贷款来源不断拓宽。2008 年《农业法》还将具有贷款资质的农业生产者的贷款金额由先前所规定的 20 万美元增加至 30 万美元。另外,资金匮乏的农业生产者还可以得到优惠的利率政策,且贷款的期限也由 15 年延长至 20 年。完善的农业信贷支持政策不但保证了美国农业的可持续发展,同时也保障了美国农业生产者收入的稳定增长。

3. 农业保险与灾害救助补贴

为了降低农业生产者的生产风险,1938 年美国政府通过了《联邦农作物保险法》。该法案的实施对象是主产区自愿投保的农业生产者,保险的业务也仅为产量的保险,即只针对因气候原因造成的主要作物减产造成的损失进行理赔。之后,1980 年的《联邦农作物保险法》和 1994 年的《联邦农作物保险改革法》不断扩大了农业保险的范围和种类,不仅仅局限于主产区的主要作物。1996 年美国政府推行了农作物收入保险,在产量保险的基础上进一步考虑到价格因素对农业生产者收入的影响。即当农业生产者收获农产品时,倘若农产品的市场价格下降,联邦政府就会针对投保的农业生产者因农产品价格下降而造成的损失进行理赔,理赔金额为投保金额的 50% ~ 80%。

为了进一步保障农业生产者的收入不受自然灾害的影响,联邦政府还对由于干旱、洪涝及其他自然灾害不能播种或者严重减产的农业生产者给予救助补贴。1977 年的《农业法》规定,由于受自然灾害的影响牲畜和家畜的生产者得不到适当的饲料供给时,联邦政府对其进行补贴。补贴的金额为购买饲料成本的 50%。1985 年《农业法》规定,联邦政府对遭受干旱、洪涝等自然灾害的农业生产者给予灾害补贴。1994 年的《联邦农作物保险改革法》推行了灾害险。该险种的保险费全部由联邦政府来承担,对损失超过平均产量 50% 的农业生产者进行补贴,补贴的标准为受灾物种当年目标价格的 60%。2008 年《农业法》将农业灾害补贴的范围进一步扩大,对因自然灾害而遭受损失的农作物、养殖鱼、蜜蜂和畜牧业生产者进行补贴。

农业保险与灾害救助补贴政策的实施一方面提高了农业生产者抗击自然灾害的能力，另一方面也提高了农业生产者抵御市场风险的能力。农业保险与灾害救助补贴政策的实施对稳定农业生产者基本收益发挥了重要的作用。

4. 信息服务

目前，美国农业部通过合同关系与各州的农业部门合作，建立了覆盖农产品产区和销售区的信息网。该信息网提供了有关肉类、谷物、蔬菜等各种农产品的信息。其中，每种农产品的信息包括供应、需求和价格趋势等。目前，美国农业部和有关州设立了 100 多个信息收集办事处，负责搜集、审核和发布全国农产品在直销、拍卖、合同、期货、集散、加工、批发等市场环节的信息，并要求所提供的市场报告具有中立性、即时性和可靠性的特点。

及时有效的农产品供求信息服务一方面对农业生产者的生产给予指导，使农业生产者根据市场需求来从事农业生产；另一方面对稳定农产品市场价格也发挥了重要的作用。这两方面对农业生产者获得稳定的收益均发挥了重要的作用。

6.1.2 欧 盟

从 20 世纪 60 年代开始，欧盟农业的快速发展与其执行的共同农业政策（Common Agricultural Policy，CAP）是分不开的。共同农业政策不仅促进了欧盟各成员国农业产量的增加和农村经济的可持续发展，而且对促进各成员国农业生产者收入的快速增长发挥了重要的作用。

1962 年欧盟制定并实施了共同农业政策，至今经历了多次调整。目前，欧盟共同农业政策涉及农业生产者收入的内容包含以下几方面：

1. 由市场价格支持向收入直接支付转变

20 世纪 60 年代，欧盟共同农业政策主要是通过对农产品价格实施干预来增加农产品产量和提高农业生产者的收益。采取的主要方法是：每年欧盟委员事先确定农产品的干预价格、门槛价格和目标价格。其中，目标价格是农产品的最高限价，它是根据某种农产品在欧盟内部最稀缺的地区或供不应求的地区的市场价格确定的。门槛价格是针对欧盟外的第三国设定的，当第三国农产品的到岸价格低于门槛价格时，欧盟就会按照到岸价格与门槛价格的差价来征税，以保护欧盟成员国的农业生产者免受外部农产品的竞争压力。干预价格是农产品的最低保护价格。当农产品的市场价格低于干预价格时，政府就以干预价格进行收购或将干预价格与市场价格的差额补贴给农民。

欧盟农产品的价格支持政策有效地促进了欧盟农产品产量的大幅度增加，使得欧盟从一个世界最大的农产品进口经济体转变为一个主要的农产品出口经济体。与此同时，欧盟农业生产者的收入也得到了显著提高。之后，为了履行乌拉圭回合协议以及 WTO 谈判的承诺，同时又为了保障农业生产者收入稳定，2005 年欧盟实施了与生产脱钩的单一的收入直接支付政策。该政策分为单一地区支付和单一农场支付两种。前者按照每个农民拥有的土地面积为基础进行直接支付，后者按照 2000 ~ 2002 年对单个农场的平均补偿水平为基础进行直接支付（马晓春，2010）。

欧盟对农业生产者实施的直接支付政策在保证了农业生产者收入稳定的同时，对保障欧盟农业生产的稳定发挥了重要作用。

2. 信贷和税收支持

欧盟主要是通过政策性银行和商业银行给农业生产者提供贷款。欧盟给予农业生产者借贷的利息非常低，农业的贷款利率仅是非农业贷款利率的一半。另外，对于购买农机具和土地的中长期贷款的利率更低。银行因此所造成的利息差额由政府补贴。欧盟共同农业政策（CAP）在农业信贷方面的支持政策对农业生产者扩大再生产、促进农业生产者增收发挥着重要的作用。

3. 农业保险

欧盟对农产品在备耕、种植、管理和销售四个阶段进行保险，以分担农民农业生产所面对的自然风险和市场风险（张宇慧，2005）。农业保险的形式分为公有型、公有与私有合作型以及私有型三种。公有型农业保险是指国家按照自然灾害和家禽疫病对农业生产者所造成的损失进行强制性保险。农作物按产值的 3% 交纳保费，而家畜产品按产值的 0.5% 交纳保费。公有与私有合作型农业保险由收入保险、农作物灾害基金以及理赔超定额补偿三部分组成。当农业生产者因自然灾害遭受损失时，私人保险公司对农业生产者的损失进行理赔。而农业生产者未被纳入收成保险的损失由农作物灾害基金提供保险援助。在发生较大的保险事故时，私人保险公司可以根据再保险合同向政府申请理赔超定额补偿。私有型农业保险是指农业保险主要由私人保险公司来经营，政府酌情给予财政补贴和政策支持。欧盟完备的农业保险政策不仅对其农业稳定发展发挥了重要的保障作用，同时对稳定农业生产者收入起到了重要的支撑。

6.1.3 日本

"二战"后，日本农业经历了 60 多年的发展，在农业自然禀赋极低的背景下不仅实现了农业现代化，同时也解决了农民收入水平低以及城乡居民收入差距显著的问题。1961 年日本颁布了《农业基本法》，标志着日本工业开始反哺农业。以下是日本工业反哺农业以来促进农民增收的主要政策。

1. 农产品价格支持政策

在不同的历史时期，日本农产品的价格支持政策具有明显的差异。为了稳定粮食价格，保护农民的利益，日本 1961 年《农业基本法》对大米实行了收入补偿制度；对猪肉、牛肉以及蚕茧实行了稳定价格制度；对甘薯、马铃薯以及甜菜实行了最低价格制度；对蔬菜、水果、蛋类实行了价格平准基金制度；对牛奶、大豆等实行了差价补贴制度（李先德，2005）。为了兑现乌拉圭回合协议以及 WTO 谈判的承诺，日本也逐渐将其对农产品的价格支持政策转向收入支付政策。2000 年，日本政府出台了《对山区、半山区农户的直接支付》。直接支付的目的是通过对山区、半山区农民进行直接收入支付补贴来消除该类地区与平原地区生产成本之间的差异，改变该地区因自然条件差和历史因素而导致的农业生产落后、农民收入低下的局面。虽然为应对乌拉圭回合协议，日本逐步实行直接支付政策，但直至 2009 年，日本实行的农产品市场价格支持占农民总收入的比重依然高达 55.68%（OECD，2010）。因此，对农产品实行市场价格支持政策依然是当前日本促进农民收入增长的主要政策措施。

2. 提高农民的组织化程度

日本农协起源于 1910 年。"二战"后根据 1947 年颁布的《农业协同组合法》，农协得以重建。1956 年日本政府制定了《农业整建措施法》，从法律上加强了对农协的保护和支持，使各级农协在经营上趋于稳定。1961 年日本政府又不失时机地推动了全国各地农协的大规模合并，确立了农协在农村经济中的领导地位。

日本农协已经形成从上到下的一个统揽全国的大系统。在组织上形成了涵盖全国的三级组织网络：即每个市町村都设有基层农协，以此为基础，每个都道府县都组成联合会，再由都道府县的联合会组成全国的联合会。三级农协系统组织与中央—都道府县—市町村行政组织相对应，对农协发挥作用十分有利（蒋和平等，2008）。目前，农协通过指导服务为农民农业生产和生活提供各种指导；通过贩卖和购买服务，把农民生产出来的农产品集中整理，然后批量销售；通过信用服务，把从组合员那里吸储的存款低息贷给有农业生产资金需要的组合员，实现资金在更大范围内的融通；通过保健福利服务，农协开办自己的医院，为组合员提供疾病的预防和治理服务；通过互助服务，对遭受意外灾害的组合员进行救济。除上述服务外，农协还从事农业经营委托、宅地和住宅供给、土地改良等特别事业。

日本农协已经进入到农民生产生活的各个方面，它在提高农民的组织化程度、增加农民收入方面发挥了极为重要的作用。

3. 城乡一体化社会保障体系的建设

在医疗方面，日本政府目前实行的是国民健康保险、互助保险组合、赤脚医生以及远程医疗为一体的国民健康保障体系。其中，国民健康保险是覆盖全体日本国民的医疗保险制度。该项制度规定可以解决国民一些疾病的70%的医疗费用。对于那些无法支付剩余30%医疗费用的低收入农民可以采用农民互助保险组合。另外，为了消除地区间医疗水平的差距，日本政府建立了远程医疗保障体系。该体系通过远程网络技术以及专业的医疗透视存片技术把不同地区的医疗机构和患者联系在一起，在一定程度上解决了地区间医疗水平的差距。

在养老保障方面，日本政府目前实行的是国民年金、国民养老金基金和农民年金为一体的国民养老保障体系。其中，国民年金是覆盖日本全体国民的基础养老保险。凡20岁以上、60岁以下的农民每月缴纳一定的费用，缴满40年者，每月可以领取一定数额的基础养老金。国民养老金基金是针对收入相对较高的农民而设立的。加入者每月缴纳一定的"附加保险费"，退休后除获得基础养老金外，还可获得附加养老金。农民年金制度是专门服务于农业劳动者的养老保障制度。该制度规定年龄在20~55岁之间，已加入国民年金计划，且经营土地达到一定规模的农民必须加入。其他符合一定条件的农民也可自愿加入。农民年金来源于农民自己缴费、政府补助以及年金运营收益三部分。农民年金的给付包括老龄年金、经营权转让年金、离农给付金、收购转让农地贷款等几个部分（顾天安，2005）。

日本政府城乡一体化的医疗和养老制度，从根本上消除了医疗、养老两项开支对农民造成的负担，这对稳定农民收入起到了非常重要的保障作用。

4. 农业保险

日本政府直接参与农业保险，规定达到一定生产规模的农业生产者或农产品生产数量超过一定数额的农民必须参加农业保险。保险额等于"每千克的保险额"与"标准产量"的70%的乘积。其中"每千克的保险额"由农林水产省来规定，而"标准产量"由农业互助社按田块的情况来确定。农民缴纳的保险费为正常年份收入的10%。政府按照保费的50%~80%对投保农民进行补贴。广阔的农业保险覆盖面既对稳定日本农业生产发挥了积极的作用，同时对稳定农民收入起到的重要的支撑。

5. 农业资讯信息服务

日本的农业资讯信息化服务虽较欧美起步晚，但经过几十年的发展，目前已经成为连接政府、市场与农户之间的桥梁，且在日本农业现代化的过程中发挥重要的作用。日本政府为充实农村的资讯通信基础设施，铺设网路光缆等，已经建立了发达的农业通信网路。同时，日本政府建立并完善了农业市场信息服务系统，该系统通过提供市场销售咨询服务和发布全国 1 800 个以上农产品的生产数量和价格行情的预测服务，使得日本农产品的生产处于一种情况明确、生产有序的状态。

6.2 发达国家促进农民增收政策的启示

从以上对美国、欧盟和日本主要的促进农民增收政策的分析中，我们可以得到如下启示。

1. 通过预算增加国家对农业的投入

世界经济合作与发展组织（OECD）的统计数据显示，美国、欧盟和日本农业生产者收入中相当部分来自来政府支持政策。其中，日本农民收入中来自政府支持的部分较大。1993～2009 年，日本平均的 PES%[①]水平高达 55.68%；欧盟和美国农业生产者收入中来自政府支持的部分相对来讲少一些。1993～2009 年，欧盟平均 PES% 水平为 32.64%，美国为 15.74%。而据 OECD 的统计数据显示，我国农民农业收入中来自政府支持的部分较少。1993～2007 年，我国的平均 PES% 水平仅为 3.46%。其中，1993 年和 1999 年两年为负值，分别为 -13.5% 和 -2.45%。面对当前我国财政能力不断增强的时机，我国应借鉴发达国家的经验，增加对农业的投入，促进我国农民收入的增长。

---

① 生产者支持估计值占生产者总收入的比重（PSE%）是 OECD 农业政策评价体系中衡量一国生产者支持估计（PSE）对农业生产者收入影响的指标。

2. 重视农业立法在支持农民收入增长中的作用

大多数国家以法律的形式出台了农民收入的支持政策，使得农民收入支持政策的实施得到了法律的保障。其中，美国于 1933 年颁布《农业调整法》，至今共颁布了 13 个有关农业的法律。日本于 1961 年通过《农业基本法》，至今也经历了多次调整。目前美国、日本已经形成了一套完善的农业法律体系。健全的农业立法为美国和日本农业发展提供了强有力的保障，也对促进农民或农场主收入增长发挥了基础性的作用。相对美国和日本而言，我国的农业政策多以文件的形式出现，缺乏法律基础，从而大大削弱了农业支持政策应有的效能。因此，我国应建立健全用法律形式制定的农业支持政策，充分发挥农业支持政策的效能，为我国农业的发展和农民收入的增长提供强有力的法律保障。

3. 在 WTO 农业规则的约束下，转变农业补贴的方式

实行价格支持来保障农民收入是发达国家通行的做法。如美国的农产品最低收购价、欧盟的干预价格、日本的稻米等农产品价格支持政策。农产品价格支持极大地促进了本国农业产量的增加，而且农民收入也得到了一定的保障。但是价格支持同时也造成了本国农产品的过剩以及政府财政压力的增加，对农产品国际贸易也造成了一定的扭曲。按照 WTO 农业规则，发达国家逐步削减了农产品的价格支持程度，转向收入直接支付。如美国以市场价格支持为主转变到以直接支付和反周期支付为主的收入直接支付政策；欧盟从农产品的干预价格和目标价格为主的市场价格支持转变为与生产脱钩的单一的收入直接支付政策；日本由稻米价格支持制度转变为对种植水稻农户实行差价补贴政策。我国应借鉴发达国家的经验，逐渐减少对农产品的市场价格支持的程度，增加对农民的收入直接支付。

4. 增加对农民信贷的支持力度

目前发达国家已经形成了较为完备的农村信贷支持体系，能够满足农民生产和生活的需要。例如美国拥有联邦土地银行、地方联邦土地银行协会、联邦中间信贷银行、生产信贷公司以及合作社银行等规模庞大的农业

信贷支持体系。欧盟也通过政策性银行和商业银行为农民提供了低息贷款，农民贷款的来源不断拓宽。我国虽然也形成了政策性银行、合作社以及农业银行为主的农村信贷支持体系，但是对于农民信贷的支持仍然不足，且农村资金外流现象较为严重，农民贷款难度较大，无法满足农民生产和生活的需要。因此，我国应借鉴发达国家的经验，进一步完善农村信贷支持体系，增加对农民信贷支持的力度。

5. 建立健全农业保险制度

农业保险是美国、欧盟和日本等发达国家实施农业保护和稳定农民收入的重要手段，它有效地减轻了自然灾害和市场风险对农民造成的损失。发达国家的农业保险制度大多是以公私合作的形式实施的。以欧盟为例，欧盟大多数成员国实施的是公私合作型农业保险。私人保险公司负责农业保险的具体执行，政府一方面为农民未被纳入私人保险的损失提供保险援助，另一方面为私人保险公司提供再保险服务，使得其可以获得一定的保险收益。我国的农业保险制度与发达国家相比还很不完善，在许多地区农业生产还未被纳入到农业保险的范围之内，农民抵御自然灾害和市场风险的能力较弱。我国可以借鉴发达国家的经验，建立公私合作的农业保险制度，为稳定农民收入提供保障。

6. 大力发展农民自己的合作组织

在发达国家，农民自己的合作组织是确保农民收入支持政策有效实施的力量之一，它对稳定和增加农民收入提供了强有力的支持。以日本为例，日本的农协是农民利益的忠实代表。它在农民与政府、农民与科研机构以及农民与企业之间架起了桥梁。农协一方面通过收购农产品、信贷、生产指导等为农民提供支持，另一方面还将经营活动产生的利润以福利以及灾害救助的形式返还给农民，强有力地支持了农民收入的增长。我国农民的组织化程度较低，一家一户的小农经济很难提高我国农业的国际竞争力，农民的生活水平也难以得到整体提高。因此，我国应借鉴发达国家的农民组织经验，大力发展农民自己的合作组织。一方面可以协助国家完成有关农业的发展计划，另一方面还可以增强农民在市场中的谈判地位，提高农民的话语权，有效地增加农民收入。

7. 建立城乡一体化的社会保障体系

城乡一体化的社会保障体系是经济和社会发展到一定阶段的产物，是工业化进入后期工业反哺农业的产物。我国现在已经进入工业反哺农业的时期，从经济和社会条件来看，在我国建立城乡一体化的社会保障体系是可行的。但与此同时我们应注意到，我国整体的经济和社会发展水平与发达国家相比还存在一定的差距，建立与发达国家相同程度的城乡一体化的社会保障体系还有一定的困难。因此，我们可以借鉴发达国家的经验，建立渐进式的城乡一体化的社会保障体系。即在有条件的地方如发达地区先行建立城乡一体化的社会保障体系，欠发达地区可以先行建立标准适当、覆盖面较广的农村养老和医疗保障体系，之后再逐步过渡到城乡一体化的社会保障体系。

6.3 本章小结

我国长期经济发展战略的工业化倾向不但没有把对农业和农民的保护提到应有的高度，反而普遍存在着掠夺农业资源和农民利益的现象，致使农业资源大量外流，农民收入增长缓慢，这是不符合经济发展规律的。我们应当借鉴国外发达国家的做法，对农业在价格支持、收入支付、农业信贷、农业保险、农民的组织化程度、社会保障以及农业信息咨询服务等方面进行适度保护。此外，在借鉴发达国家的经验时必须注意到，发达国家的农业人口较少，工业化与城市化水平要远高于我国，其农业支持政策的内容也可谓是包罗万象。而我国的农业人口众多，加之我国刚进入工业化中期阶段，工业化和城市化水平还相对较低，现阶段就期望用相同的补贴政策支持农业的发展和农民收入的增长显然是做不到的。所以，我国要根据自身的国情建立相应的农民收入支持政策，有重点、有选择地逐步加大对农业和农民的补贴力度，进而提高农民的收入。

第 *7* 章

政 策 建 议

由前面的研究可以看出，我国农民收入增长具有明显的阶段性和地区差异性。阶段性差异产生的原因一定程度上在于农业自身的原因，以及国家采取了对整个国民经济有着重大影响的政策与发展战略等农业外部原因。而地区性差异的产生有着深刻的自然、历史和现实的原因。这种差异的存在就要求我们在解决农民收入的问题时，既要从全局来考虑，又要充分重视局部的差异性，这样提出的政策才能有效地确保我国各地区农民收入持续稳定增长。因此，笔者根据本书的研究从我国整体及不同地区提出了促进农民增收、缩小收入差异的政策建议。

1. 各级政府应制定优惠政策，促进乡镇企业等农村非农产业发展

乡镇企业等农村非农产业的发展是农民工资性收入稳步增长的根本保障，要增加农民工资性收入首先要加快农村剩余劳动力的转移。所以，政府应实行减免税收、提供信贷资助等多项优惠政策，鼓励、扶持和引导乡镇企业等农村非农产业的发展和升级，增强乡镇企业等农村非农产业提供非农就业岗位的能力，从而促进农村剩余劳动力的转移就业，提高农民的工资性收入。

东部地区乡镇企业等农村非农产业发展较早，吸引了大量的本地和外来务工人员，这些人员为东部地区经济的发展做出了重大的贡献。但随着中西部地区经济的不断发展，作为劳动力主要输出地的中西部地区开始出现与东部沿海地区"争夺"农民工的现象，用工荒已经开始在全国范围内

蔓延。东部地区劳动力密集型产业的优势已经逐渐失去。因此，东部地区应鼓励和扶持技术密集型和资本密集型的非农产业的发展，引导东部地区劳动密集型产业向中西部地区扩散。而中西部地区应发挥其后发优势，创造良好的投资环境，吸引更多的企业家到中西部地区投资办厂。这样通过东、中、西联动，既充分发挥了东部地区人才、技术和资金的优势，又发挥了中西部地区劳动力的优势；既拓展了东部地区人才发展的空间，也推动了中西部地区农村非农产业的发展。

2. 加大对农村教育和农业科研的投资力度，提高农村劳动力素质和农业科技水平

农户家庭劳动力平均受教育年限对于农户人均纯收入具有极为显著的正向作用，而且也是造成农户家庭之间人均纯收入差异的主要原因。但是我国农户家庭劳动力的受教育水平整体还比较低，而且东部地区农户家庭劳动力的受教育程度要高于中西部地区农户家庭劳动力的受教育程度。这也是东部地区农户家庭的收入高于中西部地区农户家庭收入的主要原因。因此，各级政府应加大对农村教育的投资力度，进一步普及和巩固九年制义务教育，逐渐实施免费的农村中等职业教育。同时，投资力度应适当向中西部地区倾斜，逐步缩小中西部地区与东部地区劳动力受教育程度的差距，进而从整体上提高我国农村劳动力的受教育程度。在提高农村劳动力素质的同时，各级政府还应加强对农业科研的投入。一方面我国应增加农业科研经费的投入，完善农业技术开发与推广体系，提高农业技术人员待遇；另一方面应促进农业技术的商品化，运用市场的力量形成国家、地方、农户相结合的技术开发模式。

3. 大力推进农村金融制度的改革和创新，增强农民的投融资能力

我国应大力推进农村金融制度的改革和创新，以改变农民贷款难、农村资金外流严重等问题。首先，农村信用合作社是我国农村金融的主导力量，国家应给予一定的政策支持，为其发展创造良好的环境。完善农村信用合作社农户小额贷款的服务方式，以适应农户经营规模小、农业生产周期长、回报慢的特点。其次，进一步拓展农业发展银行的服务领域。农业发展银行是政策性银行，其支农的领域不应仅仅局限于粮棉油收购的农村经济流通领域，而应进一步扩展到农业基础设施建设以及农业结构调整等生产领域。第三，通过财政贴息来进一步调动农业银行和邮储银行支持农业、服务农村的积极性。农业银行和邮储银行是商业银行，利润最大化是其经营的原则。国家可以通过给予这些商业银行的涉农贷款以财政贴息，一方面可以鼓励商业银行支农的积极性，另一方面也可以降低农民的贷款成本。第四，正确引导民间的非正规的金融组织的发展，逐步使其合法化，以促进农村金融体系的多元化发展。

4. 合理调整农业产业结构，促进农业生产的合理布局

在保证全国粮食总供给的条件下，各地区应根据自身的不同情况，合理调整农业产业结构，优化资源配置，充分发挥各地的比较优势。东部沿海地区缺乏粮食生产的比较优势，应适当减少粮食生产，而利用其较好的地理区位优势和自然环境的优势重点发展附加值高的蔬菜、花卉以及水产品等的生产。中部地区是我国粮食的主产区，我国 13 个粮食主产区，中部就有 7 个，由此可见，中部地区是我国农业生产特别是粮食增产的潜力所在。因此，中部地区应发挥其粮食主产区的优势，优化粮食的品种，增加优质粮和专用粮生产，不断提高粮食的综合生产能力。西部地区相对于东部和中部地区而言，自然条件相对较差，但其也有特定的环境资源优势，应加强退耕还林、还草工程以进一步改善农业生态环境，并依据特定的环境资源走特色型农业发展道路。

5. 建立健全土地使用权流转制度和社会保障制度，为土地的规模化经营创造条件

目前，我国农户的土地经营规模较小，极大地限制了土地的规模效益。为了实现土地的规模化经营，我们应从两方面着手。一是建立健全土地使用权的流转制度。我国应在稳定家庭联产承包责任制的基础上尽快通过立法和修订相应的法律法规来实现土地使用权流转的规范化和法律化。建立农村土地转让、租借的中介机构，并在价格和税收等方面制定优惠的政策来促进农村土地的转包和租赁，从而推动土地的规模化经营。二是建

立健全城乡一体化的社会保障制度，解决农民的后顾之忧。通过城乡一体化社会保障制度的建立和完善，为失业者提供基本生活保障，为老年农民提供养老金，消除农民在养老、医疗等方面的后顾之忧，鼓励他们转租自己的土地，以此促进土地向种粮大户集中，形成土地的规模化经营。

6. 加大财政支持力度，促进农民专业合作经济组织的发展

农民专业合作经济组织有利于实现土地、资金和技术等农业生产要素在组织内部的优化配置，有利于降低农民的市场交易成本，有利于提高农民的市场竞争力。它是发达国家提高农民组织化程度，增加农民收入的一条成功的经验。日本的农协就是一个较为成功的案例。日本政府对农协给予了较大的财政支持，而农协也在增加农民收入中起到了重要的作用。与之相比，我国农民专业合作经济组织的发展还相对滞缓。绝大多数农民专业合作经济组织没有固定的收入来源，缺乏资金支持，自身承担市场风险的能力较差。因此，我国应加大对农民专业合作经济组织的财政支持力度，在税收、信贷等方面给予一定的优惠政策，重点应发展两类农民专业合作组织。一类是通过提供融资业务，提高农村资金利用效率的农民专业合作经济组织，一类是提供产、供、销一体化服务及相关农业信息和技术服务的农民专业合作经济组织。通过各类农民专业合作经济组织的发展，增强农民维护自身利益的能力。

参 考 文 献

[1] 蔡昉等:《农村发展与增加农民收入》,中国劳动社会保障出版社2006年版。

[2] 曹芳:《农业国内支持政策对农民收入的影响研究》,南京农业大学学位论文,2005年。

[3] 陈国栋:《我国农民的财产性收入问题研究》,福建师范大学博士学位论文,2005年。

[4] 陈锡文:《城乡统筹破解"三农"问题》,载《光明日报》2003年3月31日。

[5] 陈锡文:《农民收入为何增长缓慢》,载《农村·农业·农民》2004年第1期。

[6] 陈锡文:《农民增收需打破制度障碍》,载《经济前沿》2002年第11期。

[7] 陈艳:《我国农民收入增长的长效机制研究》,华中农业大学博士学位论文,2005年。

[8] 董长海:《我国农民专业合作社产生与发展探析》,载《河南农业科学》2009年第12期。

[9] 董丹筱、温铁军:《宏观经济波动与农村"治理危机"——关于改革以来"三农"与"三治"问题相关性的实证分析》,载《管理世界》2008年第9期。

[10] 董玉舒:《农民收入增长缓慢的原因与对策》,载《调研世界》1994年第4期。

[11] 段应碧主编:《工业化进程中的城乡关系研究》,中国农业出版社2008年版。

［12］段应碧主编：《纪念农村改革30周年学术书集》，中国农业出版社2008年版。

［13］樊纲：《"三农"问题的根本出路在于非农产业化》，载《农村经济与科技》2003年第2期。

［14］樊丽淑：《中国经济转型期地区间农民收入差异研究》，浙江大学博士学位论文，2004年。

［15］范小建等：《开辟农民增收新途径》，载《农村合作经济经营管理》1999年第7期。

［16］高志英：《农村家庭人均收入增幅波动分析》，载《中国经济时报》2001年4月17日。

［17］顾天安：《日本农村养老保险制度探析及其启示》，载《日本研究》2005年第4期。

［18］郭梅枝：《解决农民收入增长持续缓慢的路径选择》，载《农业经济》2008年第10期。

［19］韩洁：《粮食主产区农民收入及其补贴政策研究》，中国农业科学院博士学位论文，2010年。

［20］韩俊等：《农民增收问题专家谈》，载《宏观经济研究》2001年第5期。

［21］韩晓翠：《中国农民组织化问题研究》，山东农业大学博士学位论文，2006年。

［22］贺佩蓉：《我国的城镇化与农村劳动力转移》，载《农业·农村·农民》2006年第1期。

［23］胡晔：《试论农民收入增长趋缓的原因及对策》，载《江西社会科学》2003年第2期。

［24］黄季焜等：《蔬菜生产和种植结构调增的影响因素分析》，载《农业经济问题》2007年第7期。

［25］蒋和平、宋莉莉：《美国的现代农业模式》，载《中国科技投资》2008年第9期。

［26］蒋和平、宋莉莉：《日本建设现代农业的模式及其借鉴》，载《科技与经济》2008年第2期。

[27] 景林、雷锡禄:《如何缩小我国工农收入的差距》,载《中国农村观察》1981 年第 2 期。

[28] 李秉强:《我国居民收入增长及其影响因素研究》,华中科技大学博士学位论文,2007 年。

[29] 李成贵:《当前我国农民收入的现状、成因和影响》,载《教学与研究》2001 年第 4 期。

[30] 李春林、任博雅:《基于面板数据的中国农民收入影响因素分析》,载《经济与管理》2009 年第 4 期。

[31] 李功奎:《农地细碎化、劳动力利用与农民收入》,南京农业大博士学位论文,2006 年。

[32] 李宁辉:《粮食主产区农民收入动态检测》,中国铁道出版社 2006 年版。

[33] 李先德:《中日韩农民收入问题与政府政策》,载《财贸研究》2005 年第 5 期。

[34] 李小军:《粮食主产区农民收入问题研究》,中国农业科学院博士学位论文,2005 年。

[35] 李秀红:《中国西部地区农村居民收入与消费问题研究》,兰州大学博士学位论文,2007 年。

[36] 林毅夫:《"三农"问题与我国农村的未来发展》,载《农业经济问题》2003 年第 1 期。

[37] 刘斌、张兆刚、霍功:《中国"三农"问题报告》,中国发展出版社 2004 年版。

[38] 刘纯阳:《农民收入区域差异及其原因分析》,载《科技导报》2004 年第 5 期。

[39] 陆慧:《人力资本投资与农民收入增长》,南京农业大学博士学位论文,2004 年。

[40] 罗建军:《提高农民的组织化程度增加农民收入》,载《中国农业技术经济研究 2004 年学术研讨会书集》2005 年 7 期。

[41] 马克思:《资本论(第三卷)》,人民出版社 1966 年版。

[42] 马晓春:《中国与主要发达国家农业支持政策比较研究》,中国

农业科学院博士学位论文，2010 年。

［43］马晓河：《增加农民收入与稳定农业发展》，载《管理世界》1994 年第 6 期。

［44］马晓旭：《江苏省农民消费对经济增长的影响研究》，西北农林科技大学博士学位论文，2007 年。

［45］孟俊杰：《北京郊区农民增收问题研究》，中国农业科学院博士学位论文，2009 年。

［46］牛若峰：《农民收入问题与二元结构政策》，载《农业经济导刊》2003 年第 10 期。

［47］牛若峰等：《中国的"三农"问题：回顾与展望》，中国社会科学出版社 2004 年版。

［48］农业部软科学委员会办公室：《促进农民增收与全面建设农村小康社会》，中国农业出版社 2005 年版。

［49］农业部软科学委员会办公室：《加快农村劳动力转移与统筹城乡经济社会发展》，中国农业欵版社 2005 年版。

［50］农业部软科学委员会办公室：《农民收入与劳动力转移》，中国农业出版社 2001 年版。

［51］农业部乡镇企业局：《中国乡镇企业 30 年》，中国农业出版社 2008 年版。

［52］彭代彦、吴扬杰：《农地集中与农民增收关系的实证研究》，载《中国农村经济》2009 年第 4 期。

［53］钱桂霞：《粮食生产经营规模与粮农收入的研究》，中国农业科学院博士学位论文，2005 年。

［54］盛洪：《让农民自己代表自己》，载《经济观察报》2003 年 1 月 27 日。

［55］盛来运：《农民收入增长格局的变动趋势分析》，载《中国农村观察》2005 年第 5 期。

［56］史清华、卓建伟：《农村土地权属：农民的认同与法律的规定》，载《管理世界》2009 年第 1 期。

［57］宋洪远主编：《中国农村改革三十年》，中国农业出版社 2008

年版。

[58] 速水佑次郎、神门善久著，沈金虎等译：《农业经济论》，中国农业出版社 2003 年版。

[59] 唐敏、吴本银：《农民收入增长模型：一个宏观计量分析》，载《农业经济问题》2007 年第 8 期。

[60] 陶济：《二元结构理论的由来和发展》，载《资料通讯》2001 年第 12 期。

[61] 万广华等：《中国农村收入不平等：运用农户数据的回归分解》，载《中国农村经济》2005 年第 5 期。

[62] 汪金敖：《农民增收制约因素及宏观对策探讨》，载《农业经济问题》2002 年第 9 期。

[63] 汪秋明，陈明全：《我国东、西部外商直接投资区位选择比较分析》，载《南京财经大学学报》2007 年第 5 期。

[64] 王放：《粮食安全与粮农增收协调研究——以河南省为例》，华中农业大学博士学位论文，2007 年。

[65] 王洪亮：《区域居民收入不平等及其对经济增长影响的研究》，南京农业大学博士学位论文，2006 年。

[66] 王荣、张宏声：《我国农民收入提高的重新审视》，载《农村经济研究》1998 年第 3 期。

[67] 王修达：《征地补偿安置中的寡与不均》，载《中国农村经济》2008 年第 2 期。

[68] 吴敬琏：《农村剩余劳动力转移与"三农"问题》，载《宏观经济研究》2002 年第 6 期。

[69] 吴启龙等：《影响我国农民收入的因素分析和对策研究》，载《内蒙古农业大学学报》（社会科学版）2008 年第 4 期。

[70] 西蒙·库兹涅茨（1966）：《现代经济增长》，北京经济学院出版社 1991 年版。

[71] 谢琼：《农村金融：体制突破与机制改进》，华中农业大学博士学位论文，2009 年。

[72] 辛宝海：《改革开放以来中国二元经济理论研究》，复旦大学博

士学位论文，2008 年。

[73] 辛翔飞等：《中西部地区农户收入及其差异的影响因素分析》，载《中国农村经济》2008 年第 2 期。

[74] 徐祥临：《"三农"问题论剑》，海南出版社 2002 年版。

[75] 薛亮：《"三农"工作思考与探索》，中国农业出版社 2008 年版。

[76] 杨金凤：《人力资本对非农就业及其收入的影响》，浙江大学博士学位论文，2006 年。

[77] 杨柳：《中国收入差距扩大的现状、原因及对策》，载《浙江金融》2008 年第 11 期。

[78] 杨文选、杨艳：《新型农村合作医疗应重视农民的参与意愿》，载《农业经济问题》2007 年第 8 期。

[79] 尹成杰：《农民持续增收动力：内部动力与外部动力相结合》，载《中国农村观察》2006 年第 1 期。

[80] 袁铖：《城乡统筹发展背景下的农村土地征用制度改革》，载《中南财经政法大学学报》2008 年第 1 期。

[81] 袁秀智：《规模经营是现代农业发展的根本出路》，载《农业科技与信息》2009 年第 21 期。

[82] 张车伟、王德文：《农民收入问题性质的根本转变》，载《中国农村观察》2004 年第 1 期。

[83] 张红宇：《现状：农民收入实现恢复性增长》，载《人民论坛》2002 年第 4 期。

[84] 张建杰：《农户收入结构变迁及其成因研究——基于山西省跟踪观察户的实证》，浙江大学博士学位论文，2004 年。

[85] 张秋锦、张强等：《农本论——当代中国农民问题思考》，中国农业出版社 2008 年版。

[86] 张晓山：《提高农民的组织化程度，积极推进农业产业化经》，载《农村合作经济经营管理》2003 年第 2 期。

[87] 张晓山：《中国农村改革 30 年：回顾与思考》，载《农业经济研究》2009 年第 3 期。

[88] 张燕：《对新农村建设中农村人力资源开发的思考》，载《安徽

农业科学》2007 年第 15 期。

[89] 张依茹、熊启跃：《农村税费改革对农民收入影响的实证分析》，载《湖北社会科学》2009 年第 6 期。

[90] 张颖慧：《中国农村金融发展与农民收入增长关系研究》，西北农林科技大学博士学位论文，2007 年。

[91] 张宇慧：《浅谈欧盟农业支持政策的改革及对中国农业政策的启示》，载《技术经济与管理研究》2005 年第 3 期。

[92] 张月蓉、朱晓峰：《差异与趋势：中国农民收入与农业劳动力转移》，中国农业科技出版社 1995 年版。

[93] 赵剑治：《关系对农村收入差距的贡献及其地区差异分析》，载《经济学》2009 年第 10 期。

[94] 赵金光：《关于你们增收问题的几点思考》，载《山东社会科学》2002 年第 6 期。

[95] 赵卫亚：《计量经济学教程》，上海财经大学出版社 2003 年版。

[96] 中央政研室农业部农村固定观察点办公室：《"九五"期间中国农民收入状况实证分析》，载《农业经济问题》2001 年第 7 期。

[97] 周虎城：《苏浙两省农民收入增长方式的比较》，载《农业经济问题》2005 年第 2 期。

[98] 周琳琅：《统筹城乡发展理论与实践》，中国经济出版社 2005 年版。

[99] 朱红恒：《经济放缓背景下农民增收的宏观困境》，载《宏观经济研究》2010 年第 4 期。

[100] 朱明侠等：《增加农民收入的理论分析与政策选择》，载《农业现代化研究》2003 年第 2 期。

[101] 朱希刚：《农业增效农民增收研究》，中国农业出版社 2006 年版。

[102] 祝洪娇：《中国现阶段收入分配差距与两极分化问题研究》，中共中央党校博士学位论文，2006 年。

[103] 蔡继明：《我国城镇化水平低于世界平均水平》，2011，新华网。

［104］2004~2010 年中央一号文件，新华网。

［105］国家统计局数据库：http：//www. stats. gov. cn/tjsj。

［106］经济合作与发展组织数据库：http：//www. oecd. org。

［107］联合国粮农组织数据库：http：//www. fao. org。

［108］美国农业部网站：http：//www. usda. gov/wps/portal/usdahome。

［109］欧盟统计网（Eurostat）：http：//epp. eurostat. ec. europa. eu。

［110］世界银行（World Bank）数据库：http：//www. worldbank. org。

［111］Adams, D. W. , 1993. Transaction costs in decentralized rural financial markets, Occasional paper No. 2093, Ohio State University.

［112］Benhabib, Jess and Spiegel Mark M. The Role of Human Capital in Economic Development Evidence from Aggregate Cross-Countries Data, *Journal of Monetary Economics* 34（1994）：23 – 63.

［113］Bishop, J. , Luo F. , Pan X. 2006. Economic transition and subjective poverty in urban China. *Review of Income and Wealth* 2006, 52（4）, 625 – 641.

［114］Brent Hueth, The Goals of U. S. Agricultural Policy：A Mechanism Design Approach, *American Journal of Agricultural Economics*, February 2000.

［115］Chang, Gene Hsin, 2002, China's Urbanization Lag During the Period of Reform：A Paradox. University of Toledo, U. S. A.

［116］David Lobell, Marshall Burke, Climate Change and Food Security, Adapting Agriculture to a Warmer World, Springer, 2010.

［117］Dennis Tao Yang, 1997, China's Land Arrangements and Rural Labor Mobility. *China Economic Review*, Volume 8, No. 2.

［118］Dickey AD, Fuller W. A, 1981, Likelihood ratio statistic for autoregressive time series with a unit root. *Econometreca*, Volume 49, No. 4.

［119］FAO, World reference base for soil resources 2006, A framework for international classification, correlation and communication, 2006.

［120］Hanho Kim, Yong-Kee Lee, Agricultural Policy Reform and Structural Adjustment in Korea and Japan, International Agricultural Trade Research Consortium, Philadelphia, PA June 6 – 7, 2004.

［121］Jamine Morrison, Alexander Sarris. WTO rules for agriculture compatible with development, Trade and Markets division, FAO, ROME, 2007.

［122］John Dixon, Aidan Gulliver: Farming Systems and Poverty, Malcolm, Hall, 2001.

［123］Jorgen Primdahl, Simon Swaffield. Globalisation and agricultural landscapes, Cambridge, 2010 .

［124］Land Reform: Proposals for Legislation, Laid before the Scottish Parliament by the Scottish Ministers//July 1999, Edinburgh: the Stationery Office.

［125］Li, H. , Zhu, Y. , Income, income inequality, and health: Evidence from China. *Journal of Comparative Economics* 34 (2006), 668 – 693.

［126］M. Olson. The Rise and Decline of Nations ［M］. Yale University press, 1982.

［127］Michael P. Todaro, Stephen C. Smith. Economic Development (8th Edition) ［M］. Hardcover, Addison-Wesley, 2002.

［128］Ministry of Agriculture, Forestry, and Fisheries, Japan. 2002. Annual Report on Food, Agriculture and Rural Areas in Japan.

［129］Oaxaca, R. , 1973. Male-female wage differentials in urban labor markets. International Economic Review, 14 (3), 693 – 709.

［130］OECD, 2009, Agricultural Policies in OECD Countries Monitoring and Evaluation, 2009.

［131］OECD, Agricultural Policies in OECD Countries, Monitoring and Evaluation, 2007.

［132］OECD, Effective Targeting of Agricultural Policies, Best Practices for Policy Design and Implementation, 2007.

［133］OECD-FAO, Agricultural Outlook 2008 – 2017, 2008.

［134］Sarah Cook, Social Protection in Asia, Har-Anand Publications Pvt Ltd. , 2003.

［135］Shorrocks, A. , "Inequality Decomposition by Factor Components", Econometrica, 1982, 50 (1), 193 – 211.

［136］Stephen R. Tyler, Communities, livelihoods and natural resources, International Development Research Center, 2006.

［137］Turner M. , L. Brandt and S. Rozelle (1998), "Property Rights Formation and the Organization of Exchange and Production in Rural China", Department of Economics, University of Toronto. Mimeo.

［138］Wallace, Sperber and Mortimore. Food safety for the 21st century, Managing HACCP and Food safety throughout the global supply chain, Wiley-Blackwell.

［139］Wang, X, "Income Inequality and It's Influencing Factors", Working Paper No. 126, UNU2WID2ER, 2006.

［140］Xubei Luo, Nong Zhu. Rising Income Inequality in China: A Race to the Top, the World Bank, East Asia and Pacific Region, Poverty Reduction and Economic Management Department, August 2008.

［141］Yang, X. , Wang, J. , and Will, I. (1992), "Economic Growth, Commercialization, and Institutional Changes in Rural China, 1979 – 1987", *China Economic Review*, 3, 3 – 27.

［142］Zhang, J. , Zhao, Y. , Parl, A. , Song, X. , 2005. Economic returns to schooling in urban China, 1988 – 2001. *Journal of Comparative Economics* 33, 730 – 752.

［143］Zhao Yaohui, 1997, Labor Migration and Returns to Rural Education in China, *American Journal of Agricultural Economics*, 1278 – 1296.

跋

　　促进农业现代化、推动农村发展、增加农民收入，一直受到党中央和国务院的高度重视，是我国国民经济和社会发展的重大问题。身为我国农业科研领域的一分子，我们责无旁贷，一直积极研究我国农业发展、农村建设、农民增收以及农业科技政策等问题。现在奉献给读者的这套研究系列丛书是近10年我们在"三农"问题研究方面取得的部分成果，希望对我国"三农"问题研究起到抛砖引玉的作用。

　　这套研究系列丛书是各位执笔人在中国农业科学院农业经济与发展研究所攻读博士期间的研究成果。借丛书出版之际，对提供良好研究条件并引领他们进入农业经济研究殿堂的农业经济与发展研究所三任所长钱克明研究员、秦富教授、王东阳研究员表示诚挚的谢意！特别感谢钱克明研究员在繁忙的行政工作之余，对本套丛书的各位作者在选题和研究过程中给予的悉心指导与帮助。

　　本套研究系列丛书是向我国农业经济学界同行们的一个学术汇报。由于学识有限，其中难免有疏漏之处，敬请学界各位专家学者批评指正。最后，对为本套研究丛书提供各种支持与帮助的专家同仁再次表示衷心的感谢。

编委会

2015 年 9 月

图书在版编目（CIP）数据

我国农民收入增长及区域差异比较研究：以苏、豫、川三省
为例／宋莉莉著. —北京：经济科学出版社，2015.11
（"三农"若干问题研究系列）
ISBN 978 - 7 - 5141 - 6256 - 1

Ⅰ.①我…　Ⅱ.①宋…　Ⅲ.①农民收入－收入增长－区域
差异－对比研究－江苏省、河南省、四川省　Ⅳ.①F323.8

中国版本图书馆 CIP 数据核字（2015）第 271314 号

责任编辑：齐伟娜
责任校对：靳玉环
技术编辑：李　鹏

我国农民收入增长及区域差异比较研究
——以苏、豫、川三省为例
宋莉莉　著
经济科学出版社出版、发行　新华书店经销
社址：北京市海淀区阜成路甲 28 号　邮编：100142
总编部电话：010 - 88191217　发行部电话：010 - 88191540
网址：www. esp. com. cn
电子邮件：esp@ esp. com. cn
天猫网店：经济科学出版社旗舰店
网址：http：//jjkxcbs. tmall. com
北京季蜂印刷有限公司印装
710×1000　16 开　10.5 印张　160000 字
2015 年 11 月第 1 版　2015 年 11 月第 1 次印刷
ISBN 978 - 7 - 5141 - 6256 - 1　定价：28.00 元
（图书出现印装问题，本社负责调换。电话：010 - 88191502）
（版权所有　翻印必究　举报电话：010 - 88191586
电子邮箱：dbts@esp. com. cn）